# 초코

# 교과서 달달 쓰기

## 초등 국어

# 1-1

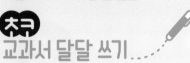

바른 글자 쓰기와 받아쓰기,
초등 어휘력 확장을 돕는

초ㄱ
교과서 달달 쓰기

## WRITERS

**미래엔콘텐츠연구회**
No.1 Content를 개발하는 교육 콘텐츠 연구회

## COPYRIGHT

**인쇄일** 2024년 1월 22일(1판1쇄)
**발행일** 2024년 1월 22일

**펴낸이** 신광수
**펴낸곳** (주)미래엔
**등록번호** 제16-67호

**융합콘텐츠개발실장** 황은주
**개발책임** 정은주 **개발** 송승아, 한솔, 박누리, 백경민

**디자인실장** 손현지
**디자인책임** 김기욱 **디자인** 이명희

**CS본부장** 강윤구
**제작책임** 강승훈

ISBN 979-11-6841-616-1

**매일매일**
**스스로**
**공부해요.**

**바르고**
**예쁘게**
**글씨 써요.**

**받아쓰기**
**실력을**
**높여요.**

국어 공부는 낱말을 정확하게 알고,
바르게 쓰는 것에서 시작해요.
"초코 교과서 달달 쓰기"와 함께
매일매일 교과서 속 낱말을 쓰고,
교과서 밖 다양한 낱말까지 익히면
국어 실력을 탄탄하게 쌓을 수 있어요.

자, 이제 예쁘게 깎은 연필 한 자루를 손에 쥐고
또박또박 쓰기 시작해 볼까요?

# 이 책의 구성

1단계 낱말 확인하기

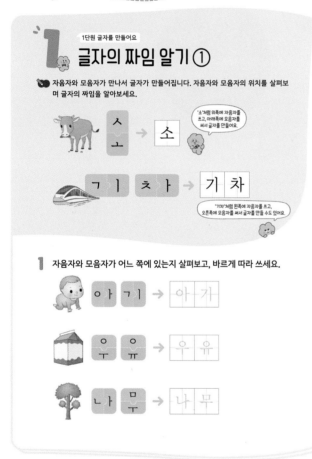

2단계 낱말 변별하기

● **교과서 속 낱말을 따라 쓰며 확인해요.**

교과서에는 단원별로 꼭 알아야 할 내용들이 있어요. 그림과 함께 교과서의 핵심 내용을 공부하고, 바르게 따라 써 보아요.

쓰기 칸에 맞추어 낱말을 따라 쓰다 보면 저절로 교과서 내용을 기억할 수 있어요.

● **놀이형 문제를 풀며 알맞은 낱말을 찾아 써요.**

낱말이 쓰인 상황이나 그림을 살펴보고, 그에 알맞은 낱말이 무엇인지 찾는 연습을 해 보아요. 그리고 잘못 쓴 부분을 바르게 고쳐 써 보아요.

알맞은 낱말 찾기 활동으로 낱말의 바른 모양을 제대로 알고, 바르게 쓰는 습관을 기를 수 있어요.

교과서 낱말과 문장, 학년별로 꼭 알아야 하는
중요 낱말을 매일 꾸준히 쓰면서 익히면
쓰기력과 어휘력을 한 번에 향상시킬 수 있어요!

## 3단계 낱말 쓰기

**3** 친구들의 움직임을 나타내는 알맞은 낱말을 (  )에서 찾아 ○표 하고, 빈칸에 쓰세요.

신발 끈을 ( 쓰다 , 묶다 ).

가방을 ( 메다 , 풀다 ).

양말을 ( 메다 , 신다 ).

모자를 ( 쓰다 , 걸다 ).

장갑을 ( 끼다 , 입다 ).

옷을 ( 신다 , 입다 ).

## 4단계 문장 쓰기

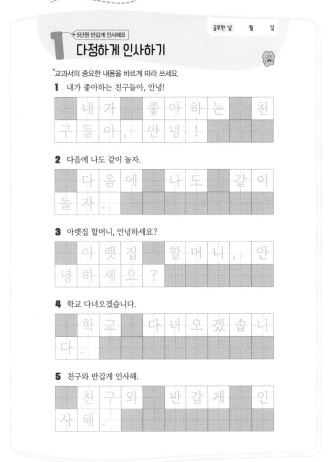

5단원 반갑게 인사해요

**1** **다정하게 인사하기**

공부한 날    월    일

교과서의 중요한 내용을 바르게 따라 쓰세요.

**1** 내가 좋아하는 친구들아, 안녕!

| 내 | 가 | | 좋 | 아 | 하 | 는 | | 친 |
| 구 | 들 | 아 | , | 안 | 녕 | ! | | |

**2** 다음에 나도 같이 놀자.

| 다 | 음 | 에 | | 나 | 도 | | 같 | 이 |
| 놀 | 자 | . | | | | | | |

**3** 아랫집 할머니, 안녕하세요?

| 아 | 랫 | 집 | | 할 | 머 | 니 | , | 안 |
| 녕 | 하 | 세 | 요 | ? | | | | |

**4** 학교 다녀오겠습니다.

| | 학 | 교 | | 다 | 녀 | 오 | 겠 | 습 | 니 |
| 다 | . | | | | | | | | |

**5** 친구와 반갑게 인사해.

| | 친 | 구 | 와 | | 반 | 갑 | 게 | | 인 |
| 사 | 해 | . | | | | | | | |

● **다채로운 낱말을 또박또박 바르게 써요.**

저학년이 반드시 알아야 할 중요 낱말을 쓰면서 낱말의 뜻, 뜻이 반대인 낱말, 뜻이 비슷한 낱말, 맞춤법, 발음, 띄어쓰기, 기초 문법 등을 함께 익혀요.
그리고 생각이나 상황을 나타내는 문장에 알맞은 낱말을 쓰면서 표현하는 자신감을 얻을 수 있어요.

● **교과서 속 문장을 쓰며 받아쓰기 연습을 해요.**

단원별로 공부한 낱말이 쓰인 교과서 속 문장을 천천히 따라 써 보아요.
문장을 통째로 따라 쓰면 낱말의 쓰임을 제대로 확인해 볼 수 있고, 띄어쓰기를 하는 방법도 익히게 되어 받아쓰기 시험 준비도 탄탄하게 할 수 있어요.

# 이 책의 차례

 공부 **계획표**

부모님과 공부 계획을 세워 보세요! 실천한 날은 초코 쿠키에 예쁘게 색칠하세요.

 **출발**

**1일차**
**1**단원
6~9쪽
월 일

**2일차**
**1**단원
10~13쪽
월 일

**3일차**
**1**단원
14~17쪽
월 일

**7일차**
**3**단원
30~33쪽
월 일

**6일차**
**2**단원
26~29쪽
월 일

**5일차**
**2**단원
22~25쪽
월 일

**4일차**
**2**단원
18~21쪽
월 일

**8일차**
**3**단원
34~37쪽
월 일

**9일차**
**3**단원
38~41쪽
월 일

**10일차**
**4**단원
42~45쪽
월 일

**11일차**
**4**단원
46~49쪽
월 일

**12일차**
**4**단원
50~53쪽
월 일

**16일차**
**6**단원
66~69쪽
월 일

**15일차**
**6**단원
62~65쪽
월 일

**14일차**
**5**단원
58~61쪽
월 일

**13일차**
**5**단원
54~57쪽
월 일

**도착**

**17일차**
**6**단원
70~73쪽
월 일

**18일차**
**7**단원
74~77쪽
월 일

**19일차**
**7**단원
78~81쪽
월 일

**20일차**
**7**단원
82~86쪽
월 일

# 1. 글자의 짜임 알기 ①

자음자와 모음자가 만나서 글자가 만들어집니다. 자음자와 모음자의 위치를 살펴보며 글자의 짜임을 알아보세요.

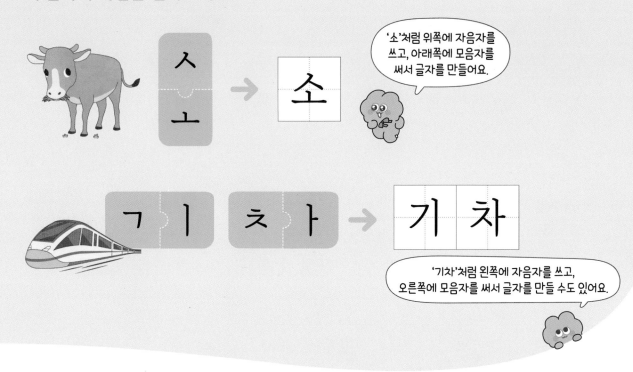

'소'처럼 위쪽에 자음자를 쓰고, 아래쪽에 모음자를 써서 글자를 만들어요.

'기차'처럼 왼쪽에 자음자를 쓰고, 오른쪽에 모음자를 써서 글자를 만들 수도 있어요.

## 1 자음자와 모음자가 어느 쪽에 있는지 살펴보고, 바르게 따라 쓰세요.

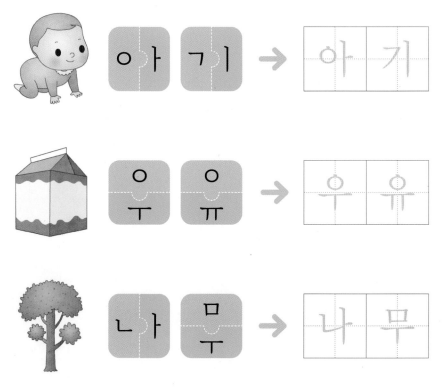

**2** 송이가 나무에서 자음자와 모음자를 찾고 있어요. 알맞은 자음자와 모음자를 찾아 동물의 이름을 완성하여 쓰세요.

# 3 다음 낱말을 따라 쓰고, 낱말에 모두 들어 있는 자음자를 쓰세요.

보라

바구니

바다

ㅂ

두부

다리

도로

ㄷ

**4** 다음 낱말을 따라 쓰고, 낱말에 모두 들어 있는 모음자를 쓰세요.

휴지

유리

튜브

ㅠ

비누

피리

다리미

ㅣ

# 1. 글자의 짜임 알기 ②

1단원 글자를 만들어요

글자의 짜임을 생각하며
글자를 써 보아요.

**1** 정원 가운데에 있는 글자가 들어간 낱말을 찾아 선으로 잇고, 따라 쓰세요.

고기

나라

기차

누나

기 나
마 피

마차

피자

도마

피아노

**2** 옷장에서 알맞은 자음자와 모음자를 찾아 친구들이 입거나 들고 있는 것의 이름을 완성하여 쓰세요.

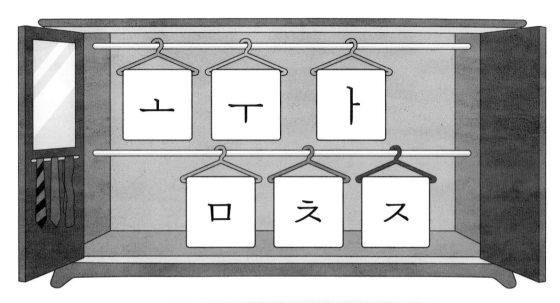

**3** 시장에 가면 다양한 물건을 보고, 살 수 있어요. 친구들의 물음을 보고, 그림에서 물건의 이름을 찾아 쓰세요.

싱싱 생선

달콤 과일

새 우

게

가 자 미

포 도

바 나 나

자 두

과일 가게와 생선 가게에서는 무엇을 팔고 있나요?

과일 가게에서 | 바 | | | , | 포 | | , | 자 | | 를

팔고, 생선 가게에서 | 가 | | | 를 팔아요.

우리 신선한 채소

오 이

무

파

고 추

고 구 마

채소 가게에서는 무엇을 팔고 있나요?

채소 가게에서 | 고 | | | , | 오 | | | , | 파 | , | 무 | ,

| 고 | | 를 팔아요.

**1단원 글자를 만들어요**

# 받침이 없는 글자 읽고 쓰기

모음자는 ㅏ, ㅑ, ㅓ, ㅕ, ㅗ, ㅛ, ㅜ, ㅠ, ㅡ, ㅣ 외에도 아래와 같이 복잡한 모음자가 더 있어요. 여러 가지 모음자를 소리 내어 읽으며 알아보세요.

**1** 모음자를 순서에 맞춰 따라서 1번, 혼자서 1번 쓰세요.

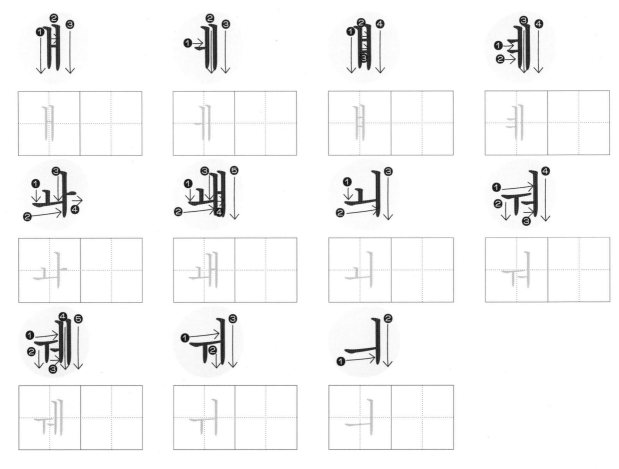

**2** 사람들이 들고 있는 모음자를 넣어 성 안의 낱말을 완성하여 쓰세요.

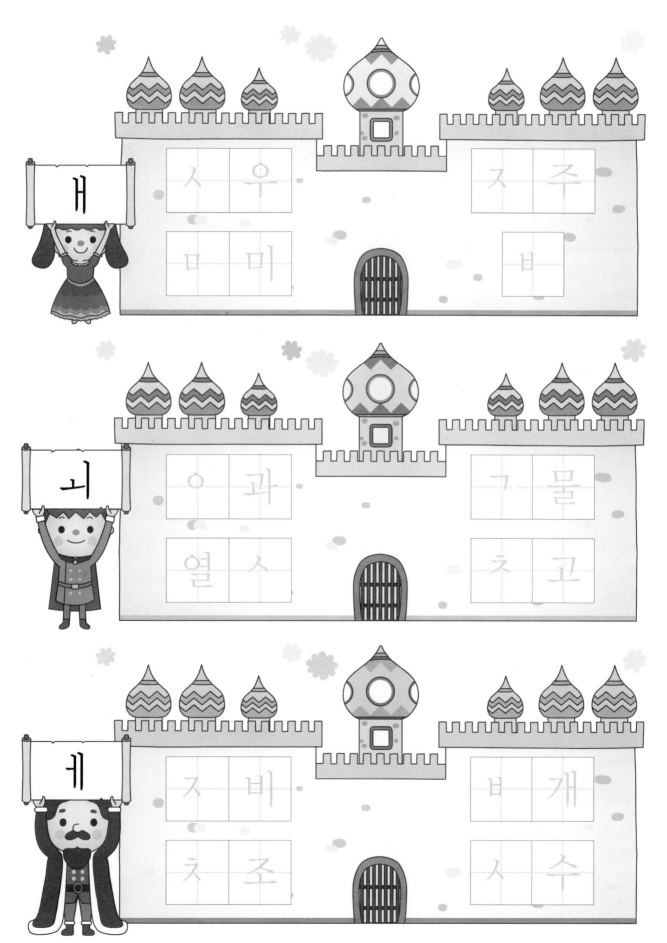

**3** 그림에 알맞은 낱말을 따라 쓰고, 두 낱말에 모두 들어 있는 글자를 찾아 ○표 하세요.

**4** 놀이터에서 친구들이 하는 일을 생각하며 낱말을 따라 쓰세요.

 는 그 네 를 신나게 타요.

 는 모 래 로 성을 만들어요.

 는 친구와 시 소 를 타고 있어요.

 는 긴 의 자 에 앉아 친구와 이야기를 해요.

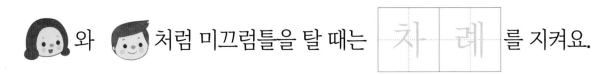 와 처럼 미끄럼틀을 탈 때는 차 례 를 지켜요.

# 1 받침이 있는 글자 읽기 ①

글자 아래쪽에 있는 자음자를 받침이라고 합니다. 글자에 받침을 더하면 새로운 글자가 됩니다. 자음자를 넣어 받침이 있는 글자를 만들어 보세요.

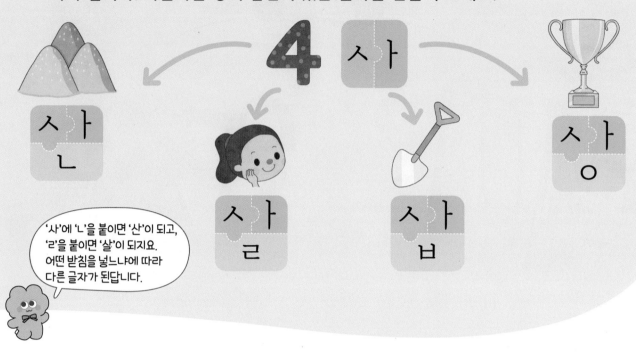

'사'에 'ㄴ'을 붙이면 '산'이 되고, 'ㄹ'을 붙이면 '살'이 되지요. 어떤 받침을 넣느냐에 따라 다른 글자가 된답니다.

## 1 받침이 없는 글자와 받침이 있는 글자를 읽으며 따라 쓰세요.

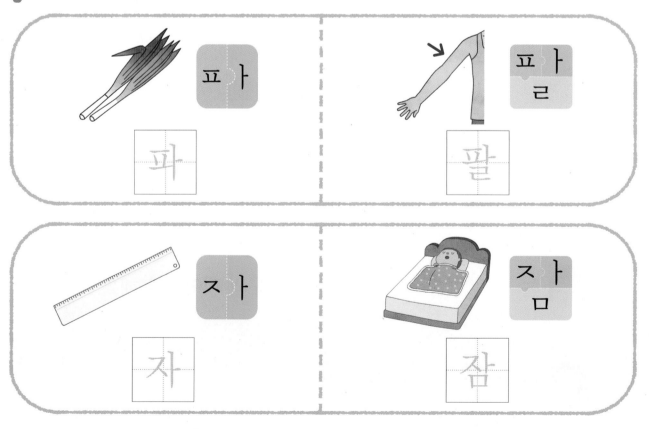

**2** 그림이 나타내는 낱말을 모두 따라 쓰고, 두 낱말에 들어 있는 받침을
찾아 화분에 쓰세요.

**3** 송이가 모험을 떠나게 되었어요. 그림에 알맞은 낱말은 무엇일까요?
팻말에서 받침을 찾아 모두 써넣어 낱말을 완성하세요.

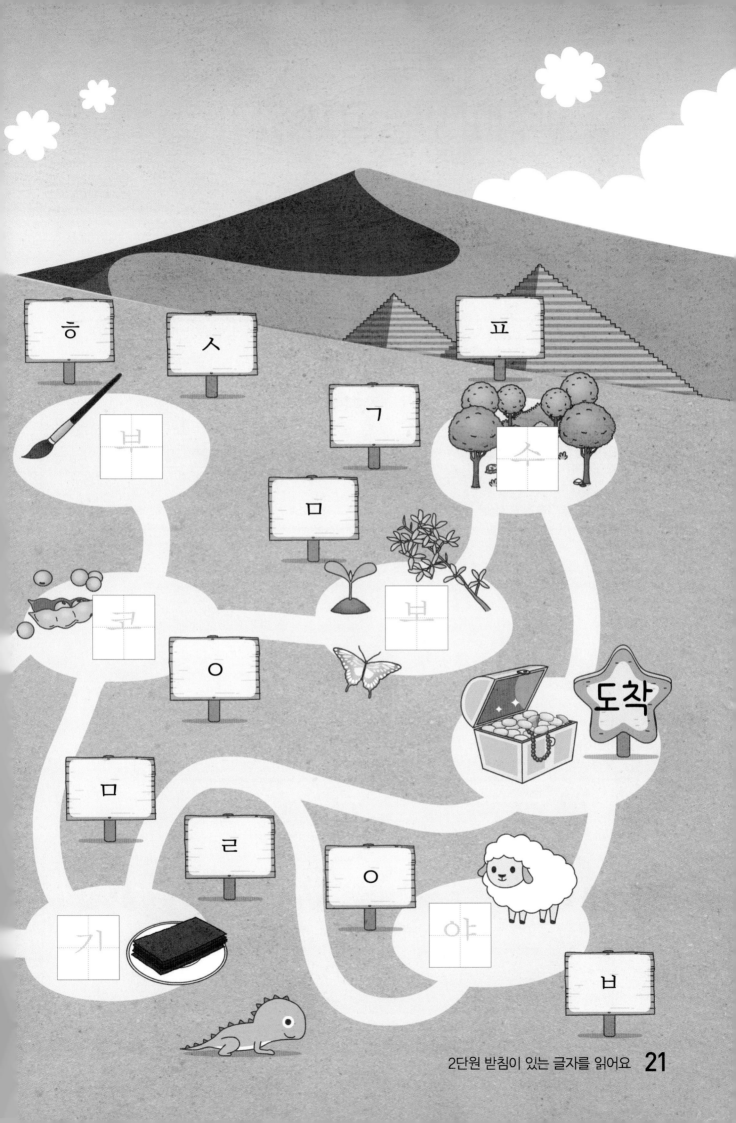

# 1.

## 받침이 있는 글자 읽기 ②

그림이 나타내는 낱말을 쓰려면 어떤 받침이 필요할까요?

**1** 알맞은 받침을 넣은 낱말을 따라 쓰세요.

안 경　　인 형　　분 홍

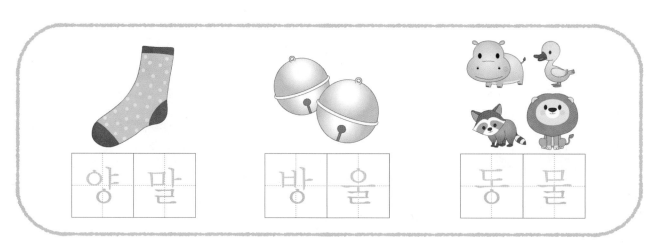

양 말　　방 울　　동 물

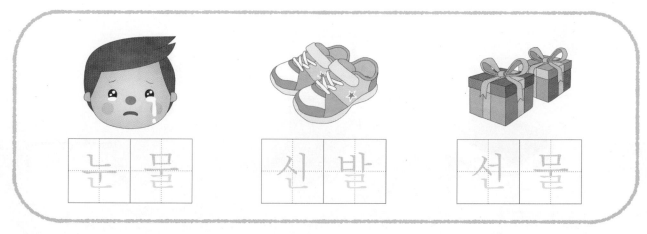

눈 물　　신 발　　선 물

**2** 앞 글자와 뒷 글자의 받침이 서로 같은 낱말을 따라 쓰고, 받침에 쓰인 자음자가 같은 것끼리 선으로 이으세요.

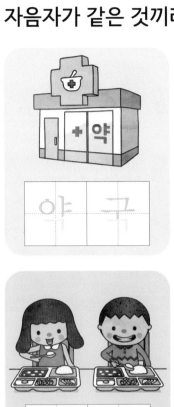

약 구

임 금

점 심

목 욕

상 장

탈 출

달 걀

강 당

**3** 각 나라에는 그 나라를 대표하는 것들이 있어요. 우리나라를 대표하는 것에 무엇이 있는지 알아보며 낱말을 따라 쓰세요.

태 구 기 는

우리나라를 대표하는 국기예요.

무 궁 화 는

우리나라를 대표하는 꽃이지요.

고운 한 복 은

우리나라를 대표하는 옷이에요.

온돌: 방을 덥히는 장치.

온돌이 있는 한 옥 은

우리나라의 집이에요.

우리 주변에 있는 낱말들을 살펴보면 받침 있는 글자들이 들어 있어요.

자신은 우리나라를 대표하는 것 중 무엇을 좋아하는지 생각하며 낱말을 써 봐요.

맛있는 [김치]는
우리나라를 대표하는 음식이지요.

달콤한 [불고기]는
외국 사람들도 좋아해요.

[태권도]는
옛날부터 전해져 온 운동이에요.

[윷놀이]는 주로
설이나 추석 같은 명절날 해요.

2단원 받침이 있는 글자를 읽어요

# 바른 자세로 말하고 듣기

발표할 때는 바른 자세로 서서 말하고, 발표를 들을 때는 다른 사람의 말을 집중하여 듣습니다.

듣는 사람을 바라보며 말해요.

알맞은 크기의 목소리로 또박또박 말해요.

말하는 사람을 바라보며 들어요.

말하는 내용을 귀 기울여 들어요.

**1** 두 친구를 보고, 말하고 들을 때의 바른 몸짓을 알아보며 따라 쓰세요.

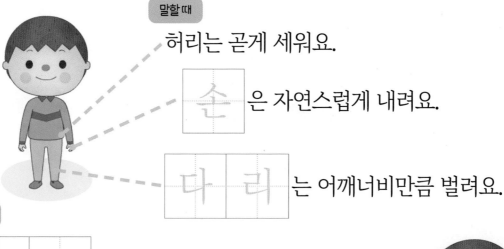

말할 때

허리는 곧게 세워요.

| 손 |
|---|

은 자연스럽게 내려요.

| 다 | 리 |
|---|---|

는 어깨너비만큼 벌려요.

들을 때

| 허 | 리 |
|---|---|

는 등받이에 붙이고 앉아요.

손은

| 책 | 상 |
|---|---|

위에 놓아요.

다리는 가지런히 해요.

**2** 그림을 보고, 뜻이 서로 반대인 낱말을 알맞게 따라 쓰며 익히세요.

**3** 그림 속 친구들을 보고, 발표를 하고 들을 때에 할 일을 생각하며 낱말을 따라 쓰세요.

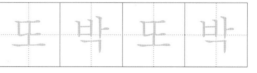

 처럼 듣는 친구들을 바라보며 [또][박][또][박] 큰 목

소리로 말해야 해요.

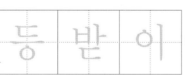는 허리를 [등][받][이]에 붙여 앉고, 손은 책상 [위] 나

허벅지에 자연스럽게 두어야 해요.
허벅지: 다리의 위쪽 부분.

 처럼 말하는 친구를 바라보며 [집][중] 해서

들어야 해요.

는 <u>손</u> 을 내리고, 친구들을 보며 <u>자신 있게</u>

말해야 해요.

와 는 장난을 치지 말고, <u>말하는</u> 친구를 바라보

아야 해요.

 처럼 바른 자세로 앉아 친구의 말을 <u>끝까지</u>

들어야 해요.

3단원 낱말과 친해져요

# 1. 받침이 있는 글자 쓰기

받침이 없는 글자는 '자음자 + 모음자'로 되어 있고, 받침이 있는 글자는 '자음자 + 모음자 + 자음자'로 되어 있어요.

ㅁ + ㅜ = 무

자음자    모음자    받침이 없는 글자

받침이 없는 글자 아래에 자음자를 붙여 받침이 있는 글자를 씁니다.

ㅁ + ㅜ + ㄹ = 물

자음자    모음자    자음자    받침이 있는 글자

**1** 길을 따라가면서 받침을 붙여 만든 글자를 따라 쓰세요.

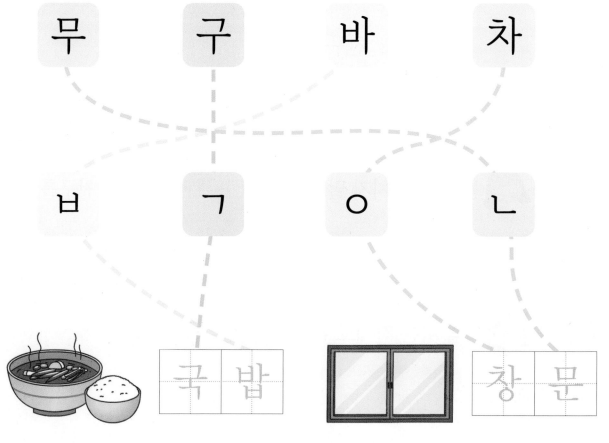

무    구    바    차

ㅂ    ㄱ    ㅇ    ㄴ

구밥

창문

## 2 그림이 나타내는 낱말을 따라 쓰고, 세 낱말에 모두 들어 있는 받침을 빈칸에 쓰세요.

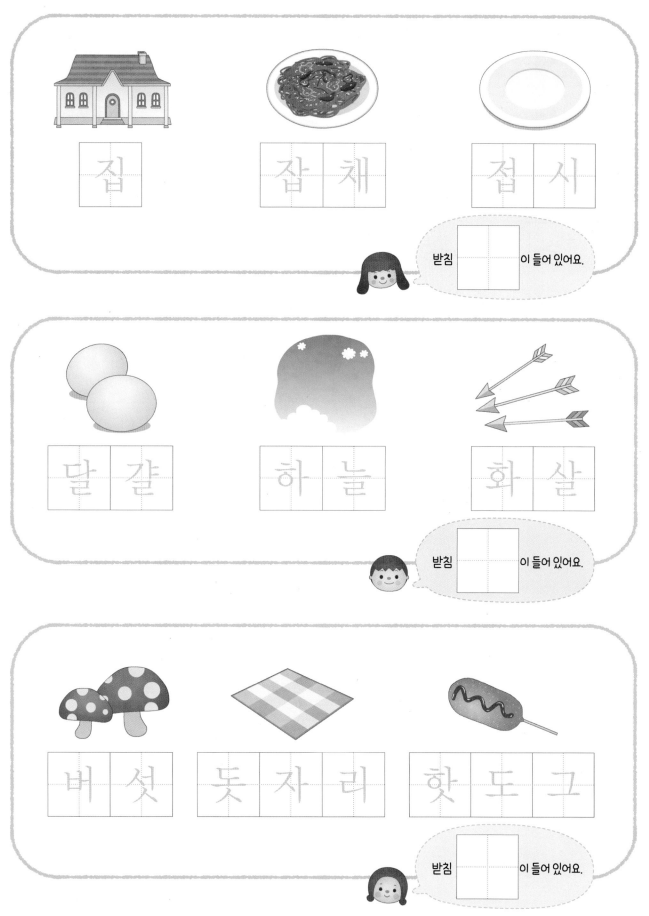

집

잡채

접시

받침 ☐ 이 들어 있어요.

달걀

하늘

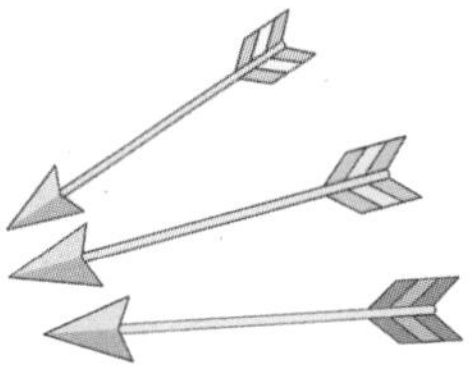
화살

받침 ☐ 이 들어 있어요.

버섯

돗자리

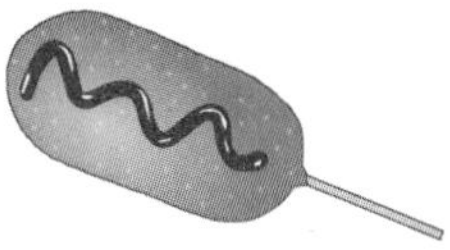
핫도그

받침 ☐ 이 들어 있어요.

**3** 방 안에 있는 물건의 이름에 받침이 빠져 있어요. 알맞은 받침을 넣어
물건의 이름을 완성하여 쓰세요.

**4** 강이의 그림일기를 읽고, 받침을 잘못 쓴 낱말을 바르게 고쳐 쓰세요.

날짜 : 20○○년 5월 ○일　　　　　날씨 : 맑고 따뜻함

| 　 | 나 | 는 | 　 | 칭 | 구 | 들 | 과 | 　 | 산 | 으 | 로 | 　 | 소 |
|---|---|---|---|---|---|---|---|---|---|---|---|---|---|
| 푼 | 을 | 　 | 갔 | 다 | . | 산 | 에 | 　 | 도 | 착 | 해 | 서 | 　 |
| 김 | 밤 | 을 | 　 | 맛 | 있 | 게 | 　 | 먹 | 었 | 다 | . | 그 | 리 |
| 고 | 　 | 예 | 쁜 | 　 | 꽃 | 들 | 을 | 　 | 보 | 고 | , | 살 | 랑 |
| 살 | 랑 | 　 | 부 | 는 | 　 | 바 | 랍 | 도 | 　 | 느 | 끼 | 니 | 　 |
| 정 | 말 | 　 | 기 | 분 | 이 | 　 | 좋 | 았 | 다 | . | 가 | 을 | 에 |
| 또 | 　 | 놀 | 러 | 　 | 가 | 면 | 　 | 좋 | 겠 | 다 | . | 　 | 　 |

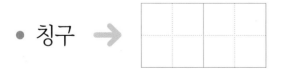

● 칭구 ➡ [　][　]

● 소푼 ➡ [　][　]

● 김밤 ➡ [　][　]

● 바랍 ➡ [　][　]

**3단원 낱말과 친해져요**

# 2. 여러 가지 낱말 읽기 ①

우리말에는 'ㄲ, ㄸ, ㅃ, ㅆ, ㅉ'과 같은 자음자가 들어간 낱말이 있어요. 'ㄲ, ㄸ, ㅃ, ㅆ, ㅉ'의 이름과 'ㄲ, ㄸ, ㅃ, ㅆ, ㅉ'이 들어간 낱말을 알아보아요.

똑같은 모양의 자음자를 나란히 겹쳐 쓰세요.

## 1  자음자를 순서에 맞춰 쓰고, 그 자음자가 들어간 낱말을 따라 쓰세요.

**2** '**ㄲ, ㄸ, ㅃ, ㅆ, ㅉ**'이 들어간 낱말을 모두 찾아 색칠하세요. 색칠을 끝 내면 어떤 그림이 되는지 빈칸에 알맞은 낱말을 쓰세요.

 색칠을 끝내면 ⬚⬚ 그림이 되지요.

**3** 별이가 동물 농장에 갔어요. 동물 농장에서 만난 동물들이 내는 울음소리를 흉내 내는 말을 따라 쓰세요.

염소는

송아지가

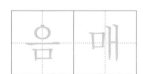

참새는

까마귀가

암탉은

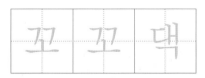

병아리가

**4** 동물들의 모습이나 움직임을 흉내 내는 말을 따라 쓰세요.

돼지는

개구리는

거북이는

토끼가

오리가

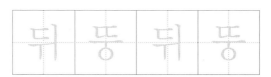

고양이가

3단원 낱말과 친해져요

# 여러 가지 낱말 읽기 ②

여러 가지 자음자가 들어간 낱말의 소리를 비교해 보아요.

**1** 집 안에 있는 낱말을 따라 쓰고, 층마다 있는 두 낱말에 공통으로 들어간 자음자를 문에서 찾아 ○표 하세요.

**3** 우리나라에는 봄, 여름, 가을, 겨울의 사계절이 있어요. 계절마다 어떤 모습으로 바뀌는지 생각하며 낱말을 따라 쓰세요.

| 봄 | 이 되면 나무에 잎이 나고, 새싹이 | 쏙 | 쏙 | 돋아나요.

들판에 가면 예쁜 | 들 | 꽃 | 도 볼 수 있어요.

| 여 | 름 | 이 되면 햇빛이 | 쨍 | 쨍 | 비치고 무더워요.

그래서 | 첨 | 벙 | 첨 | 벙 | 물놀이를 하기 좋아요.

가 을 이 되면 들판에 곡 식 이 무르익어요.

곡식: 쌀, 보리, 밀, 콩과 같은 먹을거리.

나무는 울 긋 불 긋 한 옷으로 갈아입어요.

겨 울 이 되면 바람이 쌩 쌩 불고, 눈이 내려요.

눈 위에서 신나게 썰 매 를 타요.

4단원 여러 가지 낱말을 익혀요

# 나와 가족

할아버지, 할머니, 부모님, 동생 등 사람들의 모임을 가리켜 '가족'이라고 해요. 가족을 부르는 말을 알아보아요.

1 여자일 때와 남자일 때 가족을 부르는 말이 어떻게 달라지는지 생각하며 낱말을 따라 쓰세요.

**2** 나의 몸은 여러 부분으로 이루어져요. 몸의 이름을 소리 내어 읽고, 몸이 하는 일을 알맞게 따라 쓰세요.

눈

보다

귀

듣다

어깨

손

만지다

다리

발등

머리

코

맡다

입

먹다

옆구리

배

무릎

〈나의 몸〉

몸이 하는 일: 맡다, 보다, 듣다, 먹다, 만지다

**3** 송이와 산이 가족이 무엇을 하는지 그림에 알맞은 낱말을 따라 쓰세요.

어 머 니 가 화초를 키 워 요 .

화초: 꽃이 피는 풀과 나무 등의 식물.

나는 할 머 니 와 함께 살 아 요 .

형 이 지저분한 방을 청 소 해 요 .

나는 책 꽂 이 에 책을 꽂 아 요 .

**4** 강이와 별이 가족이 무엇을 하는지 그림에 알맞은 낱말을 따라 쓰세요.

남매 가 식탁에 수저를 놓아요 .

남매: 오빠와 여동생. 또는 누나와 남동생.

아버지가 볶음밥 을 만들어요 .

설렁탕 이 무척 뜨거워요 .

동생이 떡볶이 를 좋아해요 .

**4단원 여러 가지 낱말을 익혀요**

# 학교와 이웃 ①

✎ 우리는 학교에서 친구들, 선생님과 함께 생활해요. 학교에는 교실, 운동장, 보건실, 급식실, 도서실, 복도, 화장실 등 다양한 장소가 있어요.

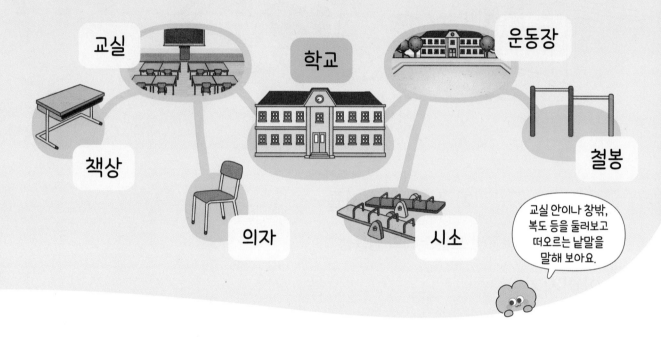

교실 / 학교 / 운동장 / 책상 / 의자 / 철봉 / 시소

교실 안이나 창밖, 복도 등을 둘러보고 떠오르는 낱말을 말해 보아요.

**1** 우리가 학교에서 공부할 때 사용하는 학용품의 이름을 따라 쓰세요.

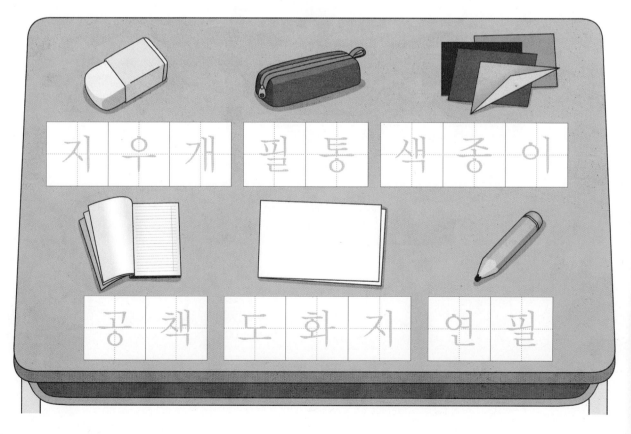

지 우 개   필 통   색 종 이

공 책   도 화 지   연 필

**2** 학교에서 볼 수 있는 것들을 나타낸 그림을 보고, 받침이 잘못 쓰인 낱말을 바르게 고쳐 쓰세요.

체육관

핫교

계당

연못

운돈장

축구곡

교물

**3** 학교 가는 길에는 교통안전 규칙을 지켜야 해요. 차를 타고 내릴 때나 길을 건널 때 할 일을 알아보며 낱말을 따라 쓰세요.

인도: 사람이 걸어 다니는 길.

| 인 | 도 | 를 걸어갈 때에는

| 안 | 쪽 | 으로 다녀야 해요.

자동차 사이로 다니지 않아요.

| 버 | 스 | 에서 내리기 전에

항상 먼저 | 좌 | 우 | 를 살펴

보아요.

| 횡 | 단 | 보 | 도 | 에서

는 우선 | 멈 | 춰 | 요 | .

그리고 서서 좌우를 살펴요.

| 신 | 호 | 등 | 에 초록불이

켜지면 | 손 | 을 들고 조심해서

길을 건너요.

**4** 학교에 가면 장소별로 우리가 지켜야 할 규칙들이 있어요. 학교생활 규칙을 알아보며 낱말을 따라 쓰세요.

수 업 시간에는 선생님의 말씀을 집 중 해서 잘 들어야 해요.

복 도 에서는 뛰지 않고 오 른 쪽 으로 천천히 걸어 다녀요.

도 서 실 에서 조용히 하고, 바른 자세로 앉아 책 을 읽어요.

급 식 실 에서 양손으로 식 판 을 잡고 음식을 하나씩 받아요.

## 2 학교와 이웃 ②

4단원 여러 가지 낱말을 익혀요

우리는 동네에서 여러 사람과 함께 어울려 서로 도움을 주고받으며 살아가요. 이웃과 관련한 다양한 낱말을 알아보아요.

아저씨

아주머니

사람들

서점

장소

병원

놀이터

학교 가는 길에 무엇을 보았는지 떠올려 볼까요?

**1** 동네 사람들이 함께 이용하는 장소의 이름을 따라 쓰세요.

보건소

공원

우체국

도서관

소방서

경찰서

**2** 주머니에 든 낱말을 합치면 어떤 낱말이 될까요? 선으로 잇고, 낱말을 모두 따라 쓰세요.

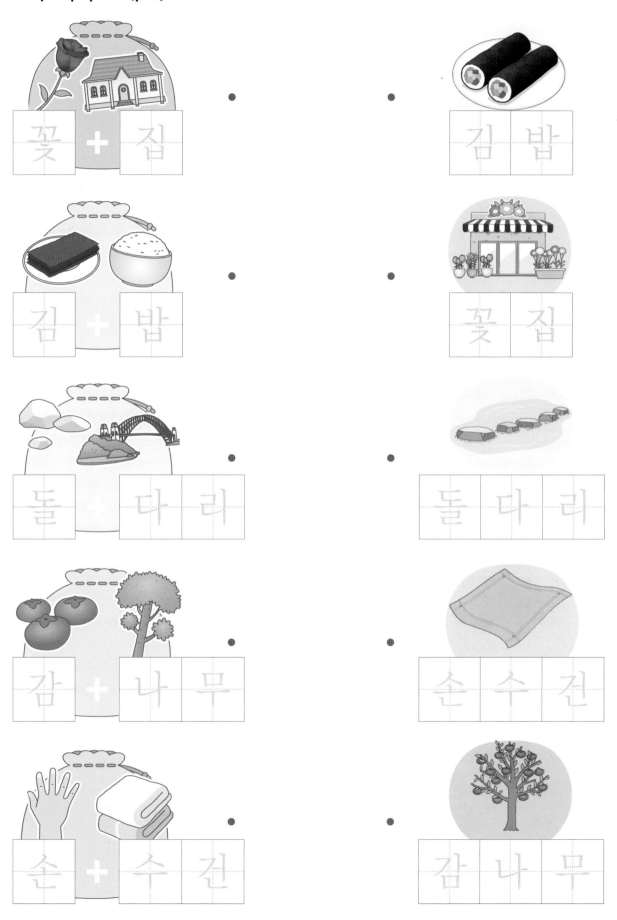

**3** 친구들이 영화관과 박물관에 갔어요. 두 장소에서 친구들이 지켜야 할 예절을 따라 쓰세요.

영화관에서는 휴대 전화의 　전　원　을 끕니다.

전원: 전기를 이어 주는 장치.

　사　진　이나 　동　영　상　을 찍으면 안 됩니다.

박물관에서는 조용히 　관　람　합니다.

관람: 전시된 것을 구경하는 것.

쓰레기는 　쓰　레　기　통　에 버려야 합니다.

4 '마음'이 들어가는 표현을 사용해 본 적이 있나요? 그림을 보고, '마음'이 들어가는 표현의 뜻을 알아보며 따라 쓰세요.

매일 운동을 하기로

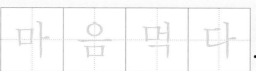

마음먹다: 무엇을 하겠다고 생각하다.

어려운 이웃을 돕고 싶은

마음이 통하다: 서로 생각이 같아 이해가 잘되다.

놀이공원에 갈 생각을 하니

마음이 설레다: 어떤 일을 앞두고 마음이 들떠 두근거리다.

친구의 사과를 받고

마음이 풀리다: 마음속에 맺히거나 틀어졌던 것이 없어지다.

5단원 반갑게 인사해요

# 1. 다정하게 인사하기

🎵 언제, 어디에서, 누구를 만났는지에 따라 다른 인사말을 써야 해요. 상황에 알맞은 인사말을 알아보아요.

친구를 만날 때

웃어른을 만날 때

선생님을 만날 때

인사를 할 때 상대를 보며 반가운 마음으로 인사해요.

**1** 오늘 웃어른께 어떤 인사말을 했나요? 자신의 경험을 떠올리며 인사말을 따라 쓰세요.

아침에 일어났을 때:

안녕히 | 주 | 무 | 셨 | 어 | 요 | ? |

학교에 가기 전에:

| 다 | 녀 | 오 | 겠 | 습 | 니 | 다 | . |

음식을 먹기 전에:

| 잘 | | 먹 | 겠 | 습 | 니 | 다 | . |

**2** 그림에 알맞은 인사말을 생각하며 빈 곳에 어울리는 말을 찾아 선으로 잇고, 따라 쓰세요.

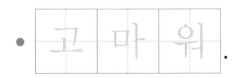

고 마 워 .

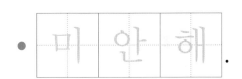

미 안 해 .

반 가 워 .

축 하 해 .

**3** 산이와 강이, 송이와 별이는 서로 다른 때에 만났어요. 뜻이 반대되는 낱말을 알아보며 낱말을 따라 쓰세요.

등굣길

오전

오전: 아침부터 점심 전까지의 동안.

들어가다

만나다

남학생

아침에 학교 가는 길에 강이와 만났어요.

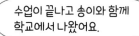

수업이 끝나고 송이와 함께 학교에서 나왔어요.

하 굣 길

오 후

오후: 점심때부터 저녁이 될 때까지의 동안.

나 오 다

헤 어 지 다

여 학 생

## 2 작품을 읽고 생각 나누기

5단원 반갑게 인사해요

동시나 이야기와 같은 작품을 읽고, 친구들과 생각을 이야기할 수 있어요. 이때 작품과 관련된 자신의 경험을 떠올려 보면 쉽게 이야기할 수 있어요.

이 「저녁 인사」라는 시를 읽으니 가족에게, 동물들에게 인사하는 아이가 귀엽게 느껴져.

나도 이 시처럼 '모두 내 꿈 꿔요'라고 다정하게 인사해야겠어.

이 시를 읽으니 자기 전에 가족과 저녁 인사를 나눈 때가 생각났어.

작품을 집중해서 읽고, 내용을 잘 파악해요.

## 1 다음 이야기를 본 송이의 생각을 따라 쓰세요.

내 멋진 뿔을 봐.

앗, 사냥꾼의 걸음 소리가 들려. 도망가자!

하마터면 사냥꾼에게 붙잡힐 뻔했네.

으아! 뿔이 걸려서 움직일 수 없잖아!

항상 멋진 뿔을 자랑스러워했는데……

나무에 뿔 이 걸려 엉엉 우는 사 슴 을 보니 안 타 까 워 .

**2** 그림을 보고, 시간을 나타내는 말을 따라 쓰세요. 그리고 별이가 시를 읽고 바꾸어 쓴 시의 내용을 따라 쓰세요.

「아침 인사」

엄마 아빠 언니 오빠

할아버지 할머니 이모 삼촌

강아지 고양이 거미 무당벌레

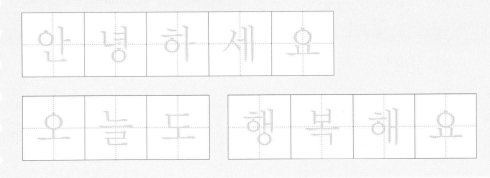

**3** 『해와 바람』 이야기에서 해와 바람이 누가 먼저 나그네의 외투를 벗기는지 내기해요. 글자와 소리가 다른 빨간색 낱말에 주의해 따라 쓰세요.

바 람 이 [바라미] 후후 불 어 요 [부러요].

나그네가 모자를 붙잡고, 외투를 입 어 요 [이버요].

해 가 쨍쨍 비 쳐 요 .

나그네가 모자와 외투를 벗 어 요 [버서요].

친구들이 열기구를 타고 있어요. 노란색 주머니에서 바르게 쓴 낱말을
찾아 빈칸에 쓰세요.

모교일  목요일

손잡이  손자비

아거  악어

나드리  나들이

공놀이  공노리

머기  먹이

6단원 또박또박 읽어요

# 1. 소리 내어 문장 읽기

그림을 보고 누가 무엇을 했는지 생각해 봅니다. 그리고 문장을 만들어 소리 내어 읽어 보세요.

아기가 무엇을 하나요?

아기가 웃습니다.

?

문장의 뜻을 생각하며 문장을 읽어 보아요.

**1** 그림의 내용에 어울리는 문장을 생각하며 낱말을 따라 쓰세요.

 이 되었습니다.

겨 울

물이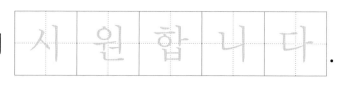

시 원 합 니 다 .

친구들이  를 합니다.

줄 넘 기

**2** 그림을 확인하며 누가 무엇을 하고 있는지 선으로 알맞게 잇고 따라 쓰세요.

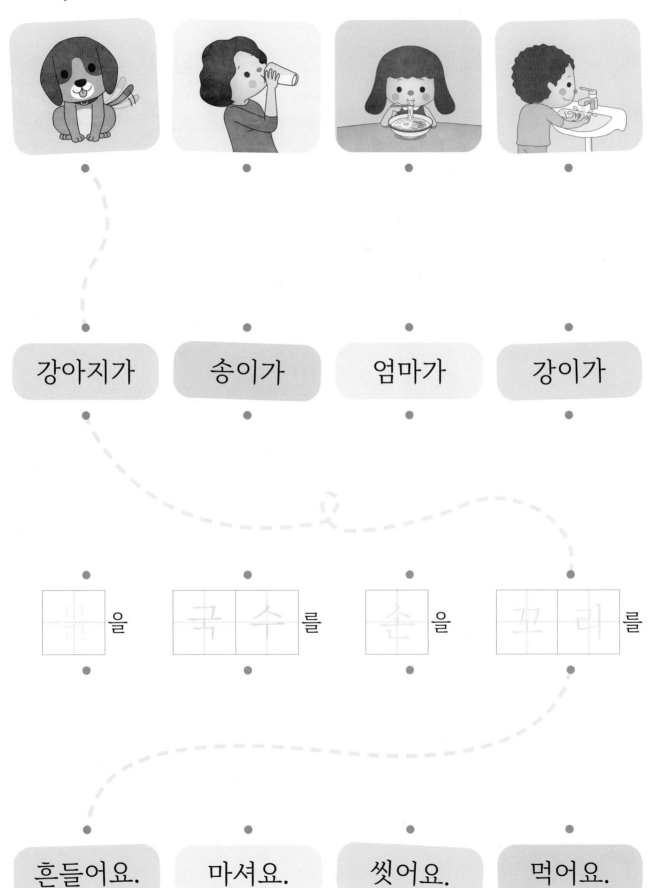

강아지가　　송이가　　엄마가　　강이가

물을　　국수를　　손을　　꼬리를

흔들어요.　　마셔요.　　씻어요.　　먹어요.

**3** 공원에 가 본 적이 있나요? 공원의 모습을 나타낸 그림을 살펴보고, 알맞은 낱말을 따라 쓰세요.

이 파랑습니다.

는 앞을 보고 달립니다.

는 손을 흔듭니다.

와 가 체조를 합니다.

공원에 있는 사람들이 무엇을 하고 있는지 문장으로 표현해 보세요.

 가  던집니다.

 는 글러브로 공을  .

 는 자전거를 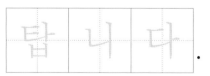 .

 와  가 배드민턴을  .

**6단원 또박또박 읽어요**

# 2. 문장 부호에 알맞게 띄어 읽기 ①

문장 부호는 문장의 뜻을 돕거나 문장을 구별해 읽고 이해하기 쉽도록 하는 여러 가지 부호를 말해요. 문장 부호와 그 쓰임을 알아보세요.

| 문장 부호 | , 쉼표 | . 마침표 | ? 물음표 | ! 느낌표 |
|---|---|---|---|---|
| 쓰임 | 부르는 말이나 대답하는 말 뒤에 씁니다. | 설명하는 문장 끝에 씁니다. | 묻는 문장 끝에 씁니다. | 느낌을 나타내는 문장 끝에 씁니다. |

> 문장 부호에 따라 문장을 띄어 읽어야 해요.

**1** 다음 설명에 따라 문장 부호와 띄어 읽을 곳을 알아보고, 따라 쓰세요.

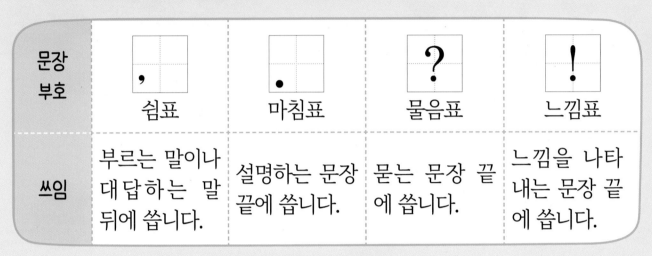

- , 뒤에는 ∨를 하고 조금 쉬어 읽어요.
- . , ? , ! 뒤에는 ∨∨를 하고 , 보다 조금 더 쉬어 읽어요.
- 글이 끝나는 곳에서는 ∨∨를 하지 않아요.

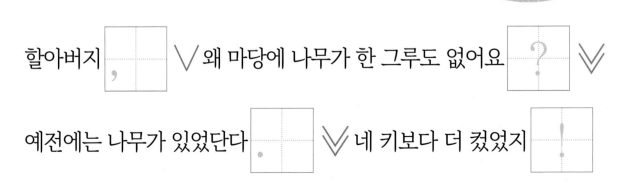

할아버지 , ∨ 왜 마당에 나무가 한 그루도 없어요 ? ∨∨

예전에는 나무가 있었단다 . ∨∨ 네 키보다 더 컸었지 !

**2** 송이가 사는 동네의 모습을 자세히 살펴보세요. 그리고 물건이나 사람의 수를 세는 말을 따라 쓰고, 문장을 알맞게 띄어 읽어 보세요.

빨간 지붕 집이 두 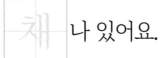 나 있어요.

도로에는 자동차 한 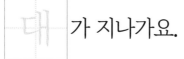 가 지나가요.

인도에는 어린이 두 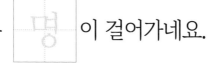 이 걸어가네요.

송이네 집 마당에는 옷이 세 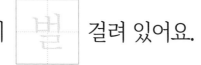 걸려 있어요.

송이가 사는 동네에는 나무가 세  있어요.

**3** 뜻이 서로 반대되는 말을 찾아 선으로 잇고, 따라 쓰세요.

깊 다

낮 다

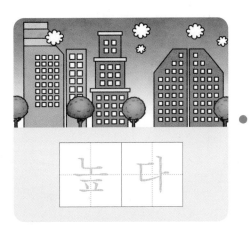

높 다

얕 다

크 다

있 다

없 다

작 다

**4** 강이가 꿈을 꾸고 있어요. 강이의 꿈에 나온 모습을 다양한 흉내 내는 말을 사용하여 쓰세요.

나무에 열매가

주 렁 주 렁

코끼리 코가

팔 랑 팔 랑

꽃잎이 바람에

한 들 한 들

도토리가

데 굴 데 굴

강이가 잠을 자며

쿨 쿨

**2**

# 문장 부호에 알맞게 띄어 읽기 ②

문장 부호를 잘못 사용하면 글을 이해하기 어려워요.

**1** 송이와 별이가 나눈 대화 글에서 틀린 부분을 고쳐 따라 쓰세요.

 내일 뭐 해. 내 생일잔치에 너를 초대하고 싶어.

우아, 초대해 줘서 고마워? 꼭 갈게.

 별이야. 어서 교실로 들어가자.

그럼 수업 끝나고 만나자. 안녕,

• 뭐 해. →

| 뭐 | | 해 | ？ |
|---|---|---|---|

• 고마워? →

| 고 | 마 | 워 | ！ |
|---|---|---|---|

• 별이야. →

| 별 | 이 | 야 | ， |
|---|---|---|---|

• 안녕, →

| 안 | 녕 | ． | |
|---|---|---|---|

**2** 그림에 알맞은 낱말을 찾아 ○표 하고, 이야기를 완성하여 쓰세요.

두꺼비를 　　호랑이를

나무꾼이 산에서

| | | | | |
|---|---|---|---|---|
| | | | | |

만났어요.

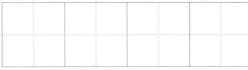

어부바를 　　거짓말을

나무꾼은 호랑이에게 자기 형님이라고

| | | | | |
|---|---|---|---|---|
| | | | | |

했어요.

미웠어요 　　믿었어요

호랑이는 나무꾼의 어머니가 자기 어머니라고

| | | | |
|---|---|---|---|
| | | | |

.

호랑이는 　　어머니는

| | | | |
|---|---|---|---|
| | | | |

나무꾼에게

고기를 주어 집으로 돌려 보냈어요.

# 3 사람과 관련 있는 '-꾼' 자와 '-사' 자가 들어간 낱말을 따라 쓰세요.

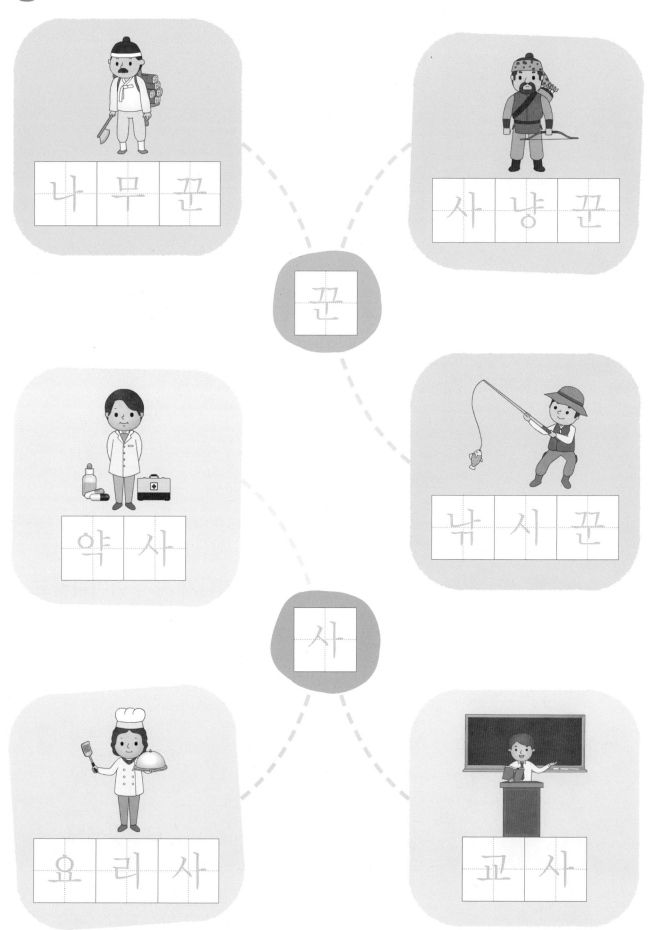

**4** 친구들이 탄 차에 달린 그림이 나타내는 낱말은 무엇인가요? 알맞은 받침을 바퀴에서 찾아 색칠하고, 낱말을 완성하여 쓰세요.

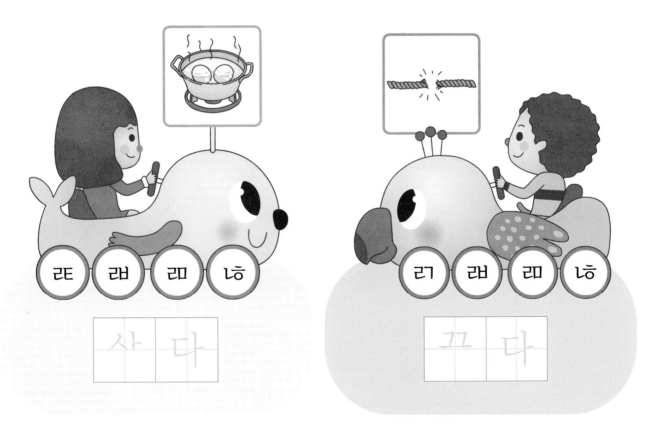

## 1. 7단원 알맞은 낱말을 찾아요
# 그림에 알맞은 낱말 넣기

🍒 같은 자음자가 겹쳐서 된 받침을 쌍받침이라고 해요. 쌍받침이 들어간 글자를 바르게 써야 그림에 알맞은 낱말을 사용할 수 있어요.

박
ㄱ

바
ㄲ

박

밖

'낚시', '닭이', '갔다', '샀다'의
받침 ㄲ, ㅆ이 쌍받침이에요.

**1** 글자의 짜임을 생각하며 받침 'ㄲ', 'ㅆ'을 붙인 낱말을 따라 쓰세요.

물을 쉬 다 .

이를 닦 다 .

연필을 깎 다 .

집에 갔 다 .

잠을 잤 다 .

모자를 썼 다 .

**2** 그림이 나타내는 낱말을 쓰려면 어떤 받침이 필요할까요? 빈칸에 각 그림에 공통으로 필요한 받침을 쓰고, 낱말을 따라 쓰세요.

받침이 필요해요.

묶다

| 묶 | 다 |

낚다

| 낚 | 다 |

볶다

| 볶 | 다 |

받침이 필요해요.

탔다

| 탔 | 다 |

샀다

| 샀 | 다 |

쳤다

| 쳤 | 다 |

**3** 공을 사용하는 운동의 이름과 방법을 알아보며 그림에 알맞은 낱말을 따라 써서 문장을 완성하세요.

송이가 　축　구　 경기에서

발로 공을 　차　다　.

강이가 　농　구　 경기에서

손으로 공을 　던　지　다　.

산이가 　야　구　 경기에서

방망이로 공을 　차　다　.

별이가 　피　구　 경기에서

공을 던져 상대편을 　맞　히　다　.

**4** 낱말판에서 알맞은 낱말을 찾아 그림에 어울리는 문장을 완성하세요.

아기가, 강아지가, 김밥을, 마십니다, 깎습니다

|  |  |  |
|---|---|---|

걸어갑니다.

송이는

|  |  |  |
|---|---|---|

먹습니다.

|  |  |  |  |
|---|---|---|---|

뛰어갑니다.

아버지가 물을

|  |  |  |  |
|---|---|---|---|

.

어머니가 사과를

|  |  |  |  |  |
|---|---|---|---|---|

.

**7단원 알맞은 낱말을 찾아요**

# 여러 가지 문장 말하기 ①

그림을 보고 여러 가지 문장을 만들 수 있어요. 문장은 "무엇은 무엇입니다."나 "누가 무엇을 합니다."와 같이 만들어요.

무엇이 어디에 속하는지 나타내고 싶을 때에는 "무엇은 무엇입니다."와 같이 표현해요.

오리는 동물입니다.
무엇은    무엇입니다.

움직임이나 움직이는 모습을 나타낼 때에는 "누가 무엇을 합니다."와 같이 표현합니다.

토끼가 딸기를 먹습니다.
누가    무엇을    합니다.

**1** 그림을 보고 누가 무엇을 하는지 따라 쓰세요.

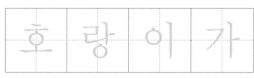
호 랑 이 가  춤을 춥니다.

원숭이가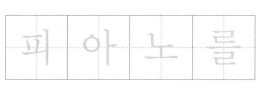
피 아 노 를  칩니다.

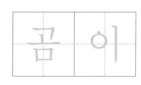
곰 이  노래를
부 릅 니 다 .

**2** 기차의 첫 번째 칸에 쓰여 있는 낱말에 속하는 낱말을 따라 쓰고, 기차에 쓰인 문장을 말해 보세요.

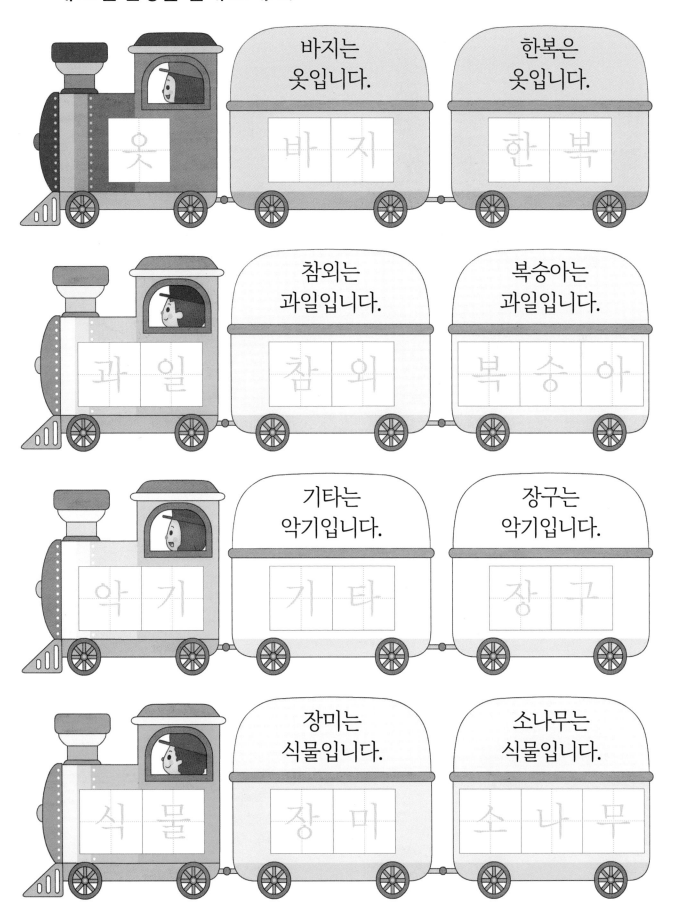

바지는
옷입니다.

한복은
옷입니다.

옷

바지

한복

참외는
과일입니다.

복숭아는
과일입니다.

과일

참외

복숭아

기타는
악기입니다.

장구는
악기입니다.

악기

기타

장구

장미는
식물입니다.

소나무는
식물입니다.

식물

장미

소나무

**3** 소리는 같지만 뜻이 다른 낱말들이 있어요. 낱말이 가진 여러 가지 뜻을 생각하며 문장을 따라 쓰세요.

'타다', '쓰다', '치다'는 소리는 같지만 그림처럼 여러 가지 뜻을 가진답니다.

타다

장작이 타다.

기차를 타다.

커피를 타다.

고기가 타다.

 쓰다

약이 쓰다.

글자를 쓰다.

 치다

북을 치다.

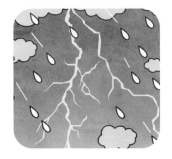

천둥이 치다.

헤엄을 치다.

**2** 7단원 알맞은 낱말을 찾아요

# 여러 가지 문장 말하기 ②

누가 무엇을 어떻게 했는지를
써서 문장을 완성해요.

**1** 그림이 나타내는 문장을 생각하며 낱말을 바르게 따라 쓰세요.

동생이  그 림 을 ( 그 립 니 다 .

엄마가  차 를 ( 마 십 니 다 .

아빠가  사 진 을 ( 봅 니 다 .

형이  재 채 기 를 ( 합 니 다 .

**2** 빈칸에 들어갈 바른 낱말을 찾아 ○표 하고, 문장을 완성하여 쓰세요.

헤치고

해치고

눈보라를 [       ] 갔어요.

헤치고: 앞에 걸리는 것을 물리치고.

휘둥그래

휘둥그레

눈을 [       ] 떴어요.

휘둥그레: 놀라거나 두려워서 눈이 크고 동그랗게 되는 모양.

딩굴딩굴

뒹굴뒹굴

방에서 [       ] 놀았어요.

**3** 그림 속 인물들이 한 말이나 생각에 어울리는 낱말을 찾아 선으로 잇고, 따라 쓰세요.

조 대 하 다

신 기 하 다

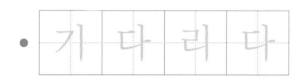

기 다 리 다

용 감 하 다

**4** 친구들의 움직임을 나타내는 알맞은 낱말을 (　　)에서 찾아 ○표 하고, 빈칸에 쓰세요.

신발 끈을 ( 쓰다 , 묶다 ).

가방을 ( 메다 , 풀다 ).

양말을 ( 메다 , 신다 ).

모자를 ( 쓰다 , 걸다 ).

장갑을 ( 끼다 , 입다 ).

옷을 ( 신다 , 입다 ).

**5** 송이가 재미있게 읽은 『토끼전』을 소개하고 있어요. 그림을 보고, 『토끼전』의 내용을 따라 쓰세요.

바닷속에 사는 용왕이 큰 병에 걸려 아팠어요.  을 낮게

하려면 토끼의  이 필요했어요. 그래서 자라는

로 가서 토끼를 만났어요.

육지: 물을 제외한 땅.

토끼는 자라를 따라 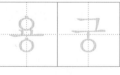 으로 갔어요. 토끼는 자신의 배에

서 간을 꺼낸다는 말에 깜짝 놀랐어요. 하지만

 를 내어 육지에 간을 놓고 왔다고 말하고 도망쳤답니다.

# 바른 답
# 모아 보기

## 6~7쪽

## 8~9쪽

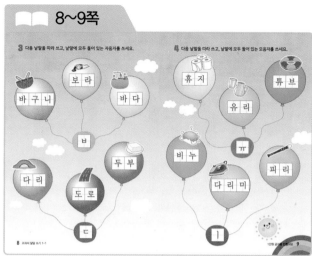

## 10~11쪽

## 12~13쪽

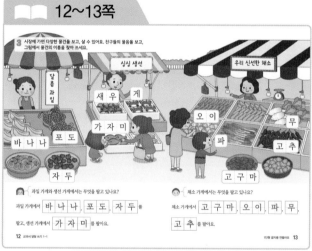

## 14~15쪽

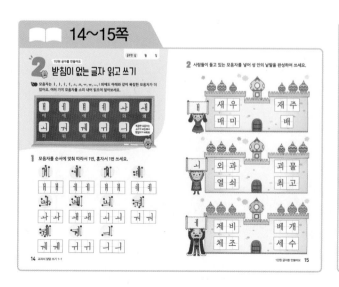

## 16~17쪽

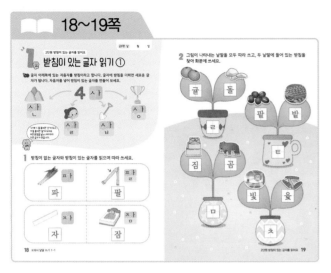

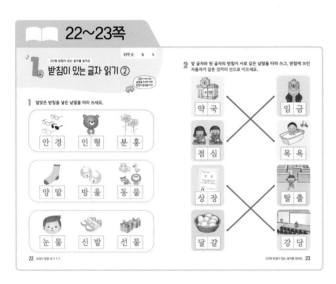

바른 답 모아 보기 **89**

# 바른 답 모아 보기

## 30~31쪽

## 32~33쪽

## 34~35쪽
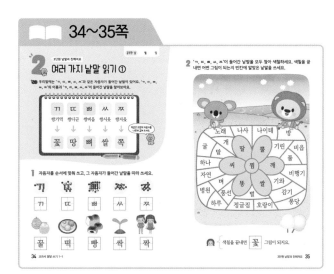

## 36~37쪽

## 38~39쪽
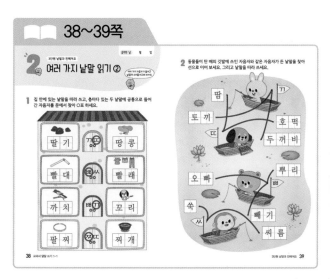

## 40~41쪽

## 42~43쪽

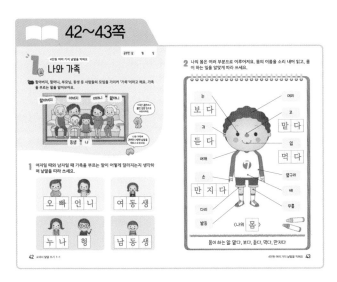

**1. 나와 가족**

할아버지, 할머니, 부모님, 동생 등 생활 속 사람들의 모임을 가리켜 '가족'이라고 해요. 가족을 부르는 말을 알아보아요.

할아버지  아버지  어머니  할머니
동생  나

1 여자일 때와 남자일 때 가족을 부르는 말이 어떻게 달라지는지 생각하며 낱말을 따라 쓰세요.

오 빠  언 니  여 동 생
누 나  형  남 동 생

2 나의 몸은 여러 부분으로 이루어져요. 몸의 이름을 소리 내어 읽고, 몸이 하는 일을 알맞게 따라 쓰세요.

눈  머리
보 다  코
귀  말 다
듣 다  입
어깨  먹 다
손  옆구리
만 지 다  배
무릎
다리
발등  〈나의 몸〉

몸이 하는 일: 말다, 보다, 듣다, 먹다, 만지다

## 44~45쪽

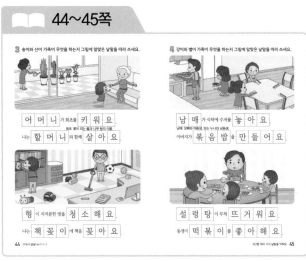

3 승어와 산이 가족이 무엇을 하는지 그림에 알맞은 낱말을 따라 쓰세요.

어 머 니 가 화초를 키 워 요
나는 할 머 니 와 함께 살 아 요

형 이 지저분한 방을 청 소 해 요
나는 책 꽂 이 에 책을 꽂 아 요

4 강이와 별이 가족이 무엇을 하는지 그림에 알맞은 낱말을 따라 쓰세요.

남 매 가 식탁에 수저를 놓 아 요
아버지가 볶 음 밥 을 만 들 어 요

설 렁 탕 이 무척 뜨 거 워 요
동생이 떡 볶 이 를 좋 아 해 요

## 46~47쪽

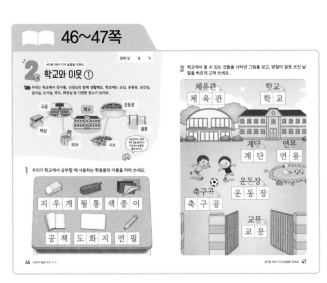

**2. 학교와 이웃 ①**

우리는 학교에서 친구들, 선생님과 함께 생활해요. 학교에는 교실, 운동장, 보건실, 급식실, 도서실, 복도, 화장실 등 다양한 장소가 있어요.

교실  학교  운동장
책상  칠판
의자  시소

1 우리가 학교에서 공부할 때 사용하는 학용품의 이름을 따라 쓰세요.

지 우 개  필 통  색 종 이
공 책  도 화 지  연 필

2 학교에서 볼 수 있는 것들을 나타낸 그림을 보고, 받침이 잘못 쓰인 낱말을 바르게 고쳐 쓰세요.

체육관  학교
체 육 관  학 교

계단  연못
계 단  연 못

축구공  운동장
축 구 공  운 동 장

교문
교 문

## 48~49쪽

3 학교 가는 길에는 교통안전 규칙을 지켜야 해요. 차를 타고 내릴 때나 길을 건널 때 할 일을 알아보며 낱말을 따라 쓰세요.

인 도 를 걸어갈 때에는
안 쪽 으로 다녀야 해요
자동차 사이로 다니지 않아요

버 스 에서 내리기 전에
항상 먼저 좌 우 를 살피며
보아요

횡 단 보 도 에서
는 우선 멈 춰 요
그리고 서서 좌우를 살펴요

신 호 등 에 초록불이
켜지면 손 을 들고 조심해서
길을 건너요

4 학교에 가면 장소별로 우리가 지켜야 할 규칙들이 있어요. 학교생활 규칙을 알아보며 낱말을 따라 쓰세요.

수 업 시간에는 선생님의
말을 집 중 해서 잘 들
어야 해요

복 도 에서는 뛰지 않고
오 른 쪽 으로 천천히
걸어 다녀요

도 서 실 에서 조용히
하고, 바른 자세로 앉아 책 을
읽어요

급 식 실 에서 양손으
로 식 판 을 잡고 음식을
하나씩 받아요

## 50~51쪽

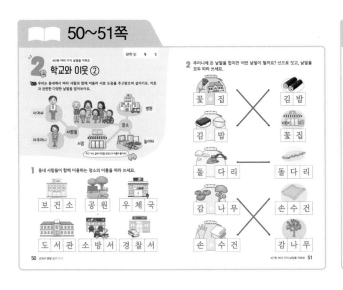

**2. 학교와 이웃 ②**

우리는 동네에서 여러 사람과 함께 어울려 서로 도움을 주고받으며 살아가요. 이웃과 관련한 다양한 낱말을 알아보아요.

아저씨  병원
아주머니  사람들
서점  놀이터  장소

1 동네 사람들이 함께 이용하는 장소의 이름을 따라 쓰세요.

보 건 소  공 원  우 체 국
도 서 관  소 방 서  경 찰 서

2 주머니에 든 낱말을 합치면 어떤 낱말이 될까요? 선으로 잇고, 낱말을 모두 따라 쓰세요.

꽃 집  김 밥
김 밥  꽃 집
돌  다 리  돌 다 리
감  나 무  손 수 건
손  수 건  감 나 무

## 52~53쪽

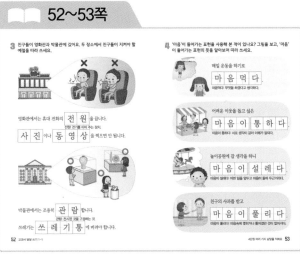

3 친구들이 영화관과 박물관에 갔어요. 두 장소에서 친구들이 지켜야 할 예절을 따라 쓰세요.

영화관에서는 휴대 전화의 전 원 을 끕니다.
사 진 이나 동 영 상 을 찍으면 안 됩니다.

박물관에서는 조용히 관 람 합니다.
쓰레기는 쓰 레 기 통 에 버려야 합니다.

4 '마음'이 들어가는 표현을 사용해 본 적이 있나요? 그림을 보고, '마음'이 들어가는 표현을 알아보며 따라 쓰세요.

매일 운동을 하기로
마 음 먹 다

어려운 이웃을 돕고 싶은
마 음 이 통 하 다

놀이공원에 갈 생각을 하니
마 음 이 설 레 다

친구의 사과를 받고
마 음 이 풀 리 다

바른 답 모아 보기 **91**

## 54~55쪽

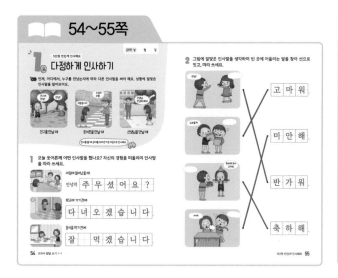

## 56~57쪽

## 58~59쪽

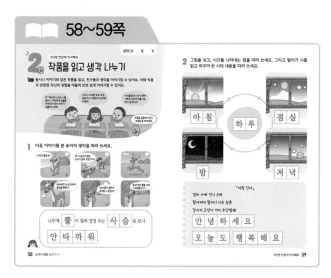

## 60~61쪽

## 62~63쪽

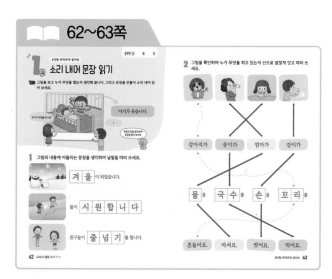

## 64~65쪽

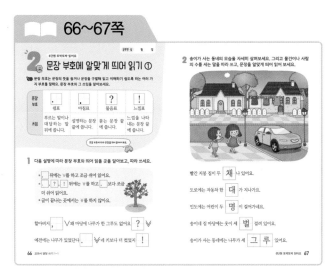

## 66~67쪽

### 2 문장 부호에 알맞게 띄어 읽기 ①

| 문장부호 | , | . | ? | ! |
|---|---|---|---|---|
| | 쉼표 | 마침표 | 물음표 | 느낌표 |

1 다음 설명에 따라 문장 부호와 띄어 읽을 곳을 알아보고, 따라 쓰세요.

할아버지 ∨ 왜 마당에 나무가 한 그루도 없어요 **?** ∨
예전에는 나무가 있었단다 **.** ∨ 네 키보다 더 컸었지 **!**

2 송이가 사는 동네의 모습을 자세히 살펴보세요. 그리고 물건이나 사람의 수를 세는 말을 따라 쓰고, 문장을 알맞게 띄어 읽어 보세요.

빨간 지붕 집이 두 **채** 나 있어요
도로에는 자동차 한 **대** 가 지나가요
인도에는 어린이 두 **명** 이 걸어가네요
송이네 집 마당에는 옷이 세 **벌** 걸려 있어요
송이가 사는 동네에는 나무가 세 **그루** 있어요

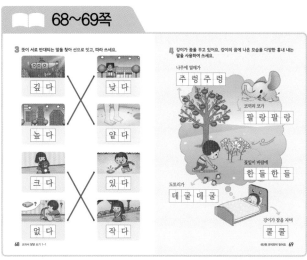

## 68~69쪽

3 뜻이 서로 반대되는 말을 찾아 선으로 잇고, 따라 쓰세요.

깊 다 — 낮 다
높 다 — 얕 다
크 다 — 있 다
없 다 — 작 다

4 강이가 꿈을 꾸고 있어요. 강이의 꿈에 나온 모습을 다양한 흉내 내는 말을 사용하여 쓰세요.

나무에 열매가 **주렁주렁**
코끼리 코가 **팔랑팔랑**
꽃잎이 바람에 **한들한들**
도토리가 **데굴데굴**
강이가 잠을 자며 **쿨쿨**

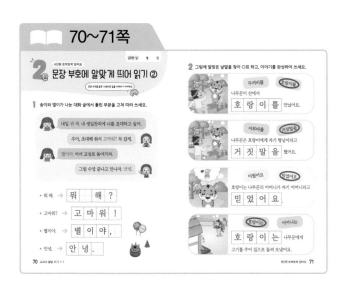

## 70~71쪽

### 2 문장 부호에 알맞게 띄어 읽기 ②

1 송이와 별이가 나누는 대화 글에서 틀린 부분을 고쳐 따라 쓰세요.

* 뭐 해. → 뭐 해 **?**
* 고마워. → 고마워 **!**
* 별이야. → 별이야 **,**
* 안녕. → 안녕 **.**

2 그림에 알맞은 낱말을 찾아 ○표 하고, 이야기를 완성하여 쓰세요.

두꺼비를 (호랑이를)
나무꾼이 산에서 **호랑이를** 만났어요

어부바를 (거짓말을)
나무꾼은 호랑이에게 자기 형님이라고 **거짓말을** 했어요

미웠어요 (믿었어요)
호랑이는 나무꾼의 어머니가 자기 어머니라고 **믿었어요**

(호랑이는) 어머니는
**호랑이는** 나무꾼에게 고기를 주어 집으로 돌려 보냈어요

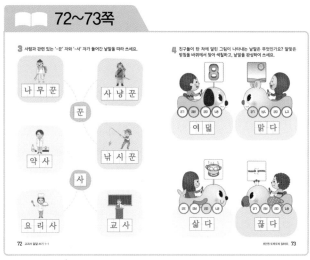

## 72~73쪽

3 사람과 관련 있는 '-꾼' 자와 '-사' 자가 들어간 낱말을 따라 쓰세요.

나 무 꾼 — 사 냥 꾼
**꾼**
약 사 — 낚 시 꾼
**사**
요 리 사 — 교 사

4 친구들이 탄 차에 달린 그림이 나타내는 낱말은 무엇인가요? 알맞은 받침을 바퀴에서 찾아 색칠하고, 낱말을 완성하여 쓰세요.

여덟 / 맑 다
삶 다 / 끓 다

## 74~75쪽

### 1 그림에 알맞은 낱말 넣기

박 / 밖

1 글자의 짜임을 생각하며 받침 'ㄲ', 'ㅆ'을 붙인 낱말을 따라 쓰세요.

물을 **섞 다** / 이를 **닦 다** / 연필을 **깎 다**
집에 **갔 다** / 잠을 **잤 다** / 모자를 **썼 다**

2 그림이 나타내는 낱말을 쓰려면 어떤 받침이 필요할까요? 빈칸에 각 그림에 공통으로 필요한 받침을 쓰고, 낱말을 따라 쓰세요.

**ㄲ** 받침이 필요해요
묶 다 / 낚 다 / 볶 다

**ㅆ** 받침이 필요해요
탔 다 / 샀 다 / 첬 다

## 76~77쪽

3 공을 사용하는 운동의 이름과 방법을 알아보며 그림에 알맞은 낱말을 따라 써서 문장을 완성하세요.

송이가 **축 구** 경기에서 발로 공을 **차 다**
강이가 **농 구** 경기에서 손으로 공을 **던 지 다**
산이가 **야 구** 경기에서 방망이로 공을 **치 다**
별이가 **피 구** 경기에서 공을 던져 상대편을 **맞 히 다**

4 낱말판에서 알맞은 낱말을 찾아 그림에 어울리는 문장을 완성하세요.

아기가, 강아지가, 김밥을, 마십니다, 깎습니다

아 기 가 걸어갑니다.
송이는 김 밥 을 먹습니다.
강 아 지 가 뛰어갑니다.
아버지가 물을 마 십 니 다 .
어머니가 사과를 깎 습 니 다 .

## 78~79쪽

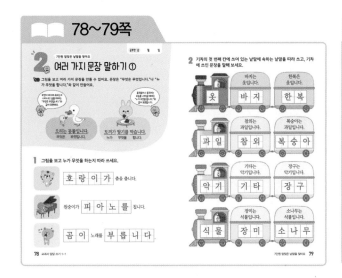

## 80~81쪽

## 82~83쪽

## 84~85쪽

## 86쪽

앞으로도
"초코 교과서 달달 쓰기"와
함께해요!

# 그려 볼까요?

✏️ 좋아하는 사람의 이름을 쓰고, 그 사람을 그려 보세요.

# 그려 볼까요?

✏️ 좋아하는 물건의 이름을 쓰고, 그 물건을 그려 보세요.

# 퍼즐 학습으로 재미있게 초등 어휘력을 키우자!

**퍼즐런**

어휘력을 키워야 문해력이 자랍니다.
문해력은 국어는 물론 모든 공부의 기본이 됩니다.

**퍼즐런 시리즈로**
재미와 학습 효과 두 마리 토끼를 잡으며,
문해력과 함께 공부의 기본을
확실하게 다져 놓으세요.

## Fun! Puzzle! Learn!

재미있게!        퍼즐로!        배워요!

**맞춤법**
초등학생이 자주 틀리는
헷갈리는 맞춤법 100

**속담**
초등 교과 학습에 꼭 필요한
빈출 속담 100

**사자성어**
생활에서 자주 접하는
초등 필수 사자성어 100

# 초등 도서 목록

## 초크

### 교과서 달달 쓰기 · 교과서 달달 풀기
1~2학년 국어 · 수학 교과 학력을 향상시키고
초등 코어를 탄탄하게 세우는 기본 학습서
[4책] 국어 1~2학년 학기별
[4책] 수학 1~2학년 학기별

### 미래엔 교과서 길잡이, 초코
초등 공부의 핵심[CORE]를 탄탄하게 해 주는
슬림 & 심플한 교과 필수 학습서
[8책] 국어 3~6학년 학기별, [8책] 수학 3~6학년 학기별
[8책] 사회 3~6학년 학기별, [8책] 과학 3~6학년 학기별

### 전과목 단원평가
빠르게 단원 핵심을 정리하고, 수준별 문제로 실전력을 키우는
교과 평가 대비 학습서
[8책] 3~6학년 학기별

## 문제 해결의 길잡이

### 원리
8가지 문제 해결 전략으로 문장제와 서술형 문제 정복
[12책] 1~6학년 학기별

### 심화
문장제 유형 정복으로 초등 수학 최고 수준에 도전
[6책] 1~6학년 학년별

초등 필수 어휘를 퍼즐로 재미있게 익히는 학습서
[3책] 사자성어, 속담, 맞춤법

## 하루한장 예비 초등

### 한글완성
초등학교 입학 전 한글 읽기·쓰기 동시에 끝내기
[3책] 기본 자모음, 받침, 복잡한 자모음

### 예비초등
기본 학습 능력을 향상하며 초등학교 입학을 준비하기
[4책] 국어, 수학, 통합교과, 학교생활

## 하루한장 독해

### 독해 시작편
초등학교 입학 전 기본 문해력 익히기 30일 완성
[2책] 문장으로 시작하기, 짧은 글 독해하기

### 어휘
문해력의 기초를 다지는 초등 필수 어휘 학습서
[6책] 1~6학년 단계별

### 독해
국어 교과서와 연계하여 문해력의 기초를 다지는 독해 기본서
[6책] 1~6학년 단계별

### 독해+플러스
본격적인 독해 훈련으로 문해력을 향상시키는 독해 실전서
[6책] 1~6학년 단계별

### 비문학 독해 (사회편·과학편)
비문학 독해로 배경지식을 확장하고 문해력을 완성시키는
독해 심화서
[사회편 6책, 과학편 6책] 1~6학년 단계별

초등학교에서 탄탄하게 닦아 놓은
공부력이 중·고등 학습의 실력을 가릅니다.

# 하루한장 쏙셈

### 쏙셈 시작편
초등학교 입학 전 연산 시작하기
[2책] 수 세기, 셈하기

### 쏙셈
교과서에 따른 수·연산·도형·측정까지 계산력 향상하기
[12책] 1~6학년 학기별

### 쏙셈＋플러스
문장제 문제부터 창의·사고력 문제까지 수학 역량 키우기
[12책] 1~6학년 학기별

### 쏙셈 분수·소수
3~6학년 분수·소수의 개념과 연산 원리를 집중 훈련하기
[분수 2책, 소수 2책] 3~6학년 학년군별

# 하루한장 한자

그림 연상 한자로 교과서 어휘를 익히고 급수 시험까지 대비하기
[4책] 1~2학년 학기별

# 하루한장 한국사

### 큰별★쌤 최태성의 한국사
최태성 선생님의 재미있는 강의와 시각 자료로
역사의 흐름과 사건을 이해하기
[3책] 3~6학년 시대별

# 하루한장 ENGLISH BITE

### ENGLISH BITE 알파벳 쓰기
알파벳을 보고 듣고 따라쓰며 읽기·쓰기 한 번에 끝내기
[1책]

### ENGLISH BITE 파닉스
자음과 모음 결합 과정의 발음 규칙 학습으로
영어 단어 읽기 완성
[2책] 자음과 모음, 이중자음과 이중모음

### ENGLISH BITE 사이트 워드
192개 사이트 워드 학습으로 리딩 자신감 키우기
[2책] 단계별

### ENGLISH BITE 영문법
문법 개념 확인 영상과 함께 영문법 기초 실력 다지기
[Starter 2책 , Basic 2책] 3~6학년 단계별

### ENGLISH BITE 영단어
초등 영어 교육과정의 학년별 필수 영단어를
다양한 활동으로 익히기
[4책] 3~6학년 단계별

초등 교과서 발행사 미래엔의
교재로 초등 시기에 길러야 하는
공부력을 강화해 주세요.

# 하루 한장

초등 국어 교과서 발행사 미래엔의

★★★★★★★

# 문해력 향상 프로젝트

## 문해력의 **기본**을 다져요

1~6학년 단계별 총 6책

1~6학년 단계별 총 6책

**하루 한장 어휘로 필수 어휘 익히고!**

❶ 학습 단계별로 필수 어휘를 선정하고 난이도를 구분하여 어휘 실력을 키워 갑니다.

❷ 독해 지문을 읽고 문제를 풀어보면서 어휘 실력을 확인합니다.

❸ 교과서 및 실생활 등에서 사용하는 어휘 활용을 익혀 문해력의 바탕을 다집니다.

**하루 한장 독해로 기본 독해력을 다지고!**

❶ 초등 학습의 바탕이 되는 문해력의 기본을 다질 수 있습니다.

❷ 교과 학습 단계에 맞추어 체계적으로 실력을 키워 독해의 자신감을 기릅니다.

❸ 새 교육과정에 따라 다양한 지문과 매체 자료 등을 독해합니다.

# 이제 문해력은 필수입니다.

**왜 중요할까요?** 문해력은 지식과 정보를 이해하고 아는 것을 판단하는
능력으로, 모든 교과 학습의 기본입니다.

**어떻게 공부할까요?** 글을 읽고 이해하는 것은 단시일에 완성되지 않습니다.

하루에 하나씩 다양한 글을 꾸준하게 독해하는 습관을 길러야 문해력을 키울 수 있습니다.

## 문해력 향상과 함께 배경지식까지 넓혀요

1~6학년 단계별 총 6책

1~6학년 단계별 각 6책

### 하루 한장 독해+로 실전 문해력을 키우고!

❶ 독해 집중 훈련으로 문해력 향상을 위한 실전 감각을 키웁니다.

❷ 핵심 키워드 정리, 지문 구조도 완성을 통해 지문을 분석하는 힘을 기릅니다.

❸ 다양한 갈래와 소재, 주제를 다루는 지문을 통해 배경지식을 확장합니다.

### 하루 한장 비문학 독해로 배경지식까지 넓혀요!

❶ 초등 사회·과학 교과와 연계하여 주제를 선정하여 배경지식을 확장하고 비문학 독해 실력을 향상시킵니다.

❷ 매체 독해를 통해 각종 매체 자료에서 정보를 분석하는 미디어 문해력을 강화합니다.

❸ QR 코드를 통해 제공되는 최신 기사 및 영상, 관련 도서 등으로 심화 학습이 가능합니다.

# 교과서 **달달** 쓰기

초등 국어 **1-1**

**1** 교과서를 달달 쓰며 바른 글씨체를 형성하고 받아쓰기 실력을 키웁니다.

**2** 그림과 함께 교과서 어휘의 뜻을 바르게 익히고 기본 학습력을 다집니다.

**3** 교과서 주요 문장을 쓰며 문장력을 기르고 교과 내용 이해력을 높입니다.

**Mirae ⓝ 에듀**

**신뢰받는 미래엔**

미래엔은 "Better Content, Better Life" 미션 실행을 위해 탄탄한 콘텐츠의 교과서와 참고서를 발간합니다.

**소통하는 미래엔**

미래엔의 [도서 오류] [정답 및 해설] [도서 내용 문의] 등은 홈페이지를 통해서 확인이 가능합니다.

**Contact Mirae-N**
www.mirae-n.com
(우)06532 서울시 서초구 신반포로 321
1800-8890

제조자명: ㈜미래엔
주소: 서울시 서초구 신반포로 321
제조국명: 대한민국

ISBN 979-11-6841-616-1

63710
9 791168 416161

KC마크는 이 제품이 공통안전기준에 적합하였음을 의미합니다.

정가 9,000원

초등학교

| 학년 | 반 | 번 |
| --- | --- | --- |

이름

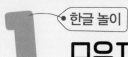
# 모음자 쓰기

한글 놀이

♥모음자를 쓰는 순서에 맞게 바르게 따라 쓰세요.

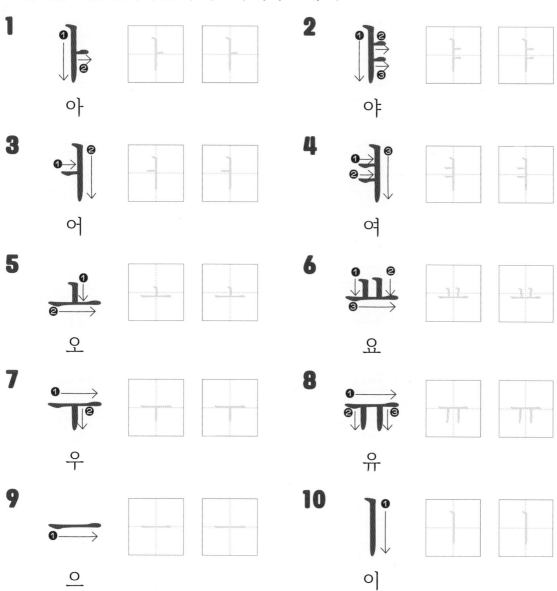

**1** 아

**2** 야

**3** 어

**4** 여

**5** 오

**6** 요

**7** 우

**8** 유

**9** 으

**10** 이

♥놀이터에 숨은 모음자 여섯 개를 찾아 예쁘게 색칠하세요.

# 2 자음자 쓰기

한글 놀이

♥ 자음자를 쓰는 순서에 맞게 바르게 따라 쓰세요.

**1**

기역

**2**

니은

**3**

디귿

**4**

리을

**5**

미음

**6**

비읍

**7**

시옷

**8**

이응

**9**

지읒

**10**

치읓

**11**

키읔

**12**

티읕

**13**

피읖

**14**

히읗

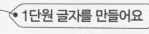
# 1
## 1단원 글자를 만들어요
## 글자의 짜임 알기

♥ 자음자와 모음자가 만나 이루어진 글자를 따라 쓰세요.

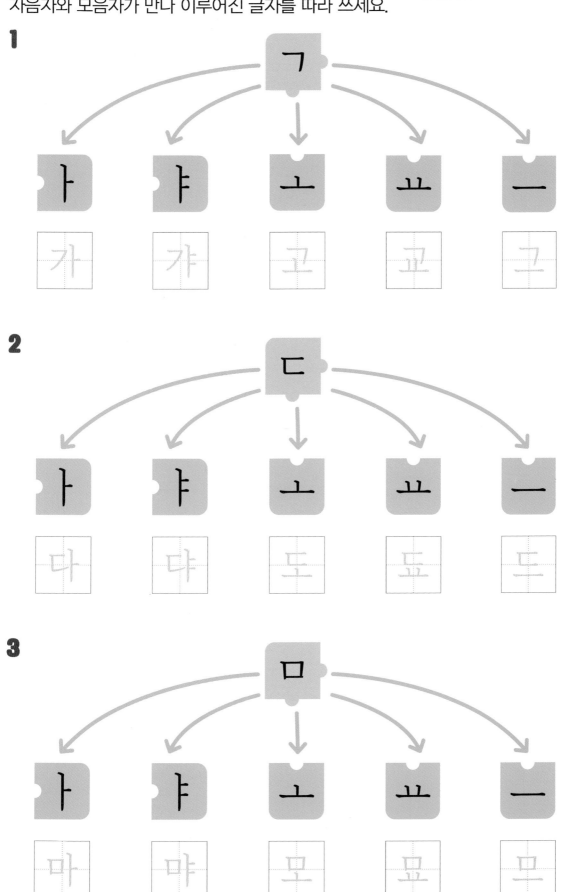

1

ㄱ

ㅏ    ㅑ    ㅗ    ㅛ    ㅡ

가    갸    고    교    그

2

ㄷ

ㅏ    ㅑ    ㅗ    ㅛ    ㅡ

다    댜    도    됴    드

3

ㅁ

ㅏ    ㅑ    ㅗ    ㅛ    ㅡ

마    먀    모    묘    므

# 글자의 짜임 알기

♥ 자음자와 모음자가 만나 이루어진 글자를 따라 쓰세요.

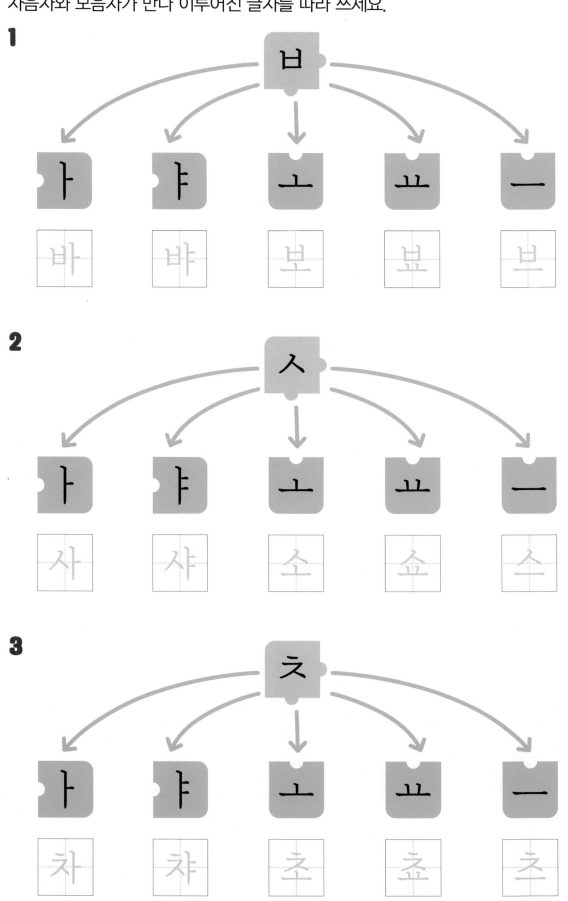

# 1 ● 1단원 글자를 만들어요
# 글자의 짜임 알기

교과서의 중요한 낱말을 바르게 따라 쓰세요.

**1** 파

| 파 |
|---|

**2** 오이

| 오 | 이 |
|---|---|

**3** 고구마

| 고 | 구 | 마 |
|---|---|---|

**4** 가지

| 가 | 지 |
|---|---|

**5** 포도

| 포 | 도 |
|---|---|

**6** 기차

| 기 | 차 |
|---|---|

**7** 도토리

| 도 | 토 | 리 |
|---|---|---|

**8** 시소

| 시 | 소 |
|---|---|

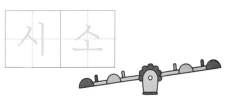

**9** 모자

| 모 | 자 |
|---|---|

**10** 두부

| 두 | 부 |
|---|---|

**11** 타조

| 타 | 조 |
|---|---|

**12** 코

| 코 |
|---|

**13** 파도

| 파 | 도 |
|---|---|

**14** 비

| 비 |
|---|

## 2 · 1단원 글자를 만들어요
# 받침이 없는 글자 읽고 쓰기

교과서의 중요한 낱말을 바르게 따라 쓰세요.

**1** 모래

모 래

**2** 배

배

**3** 새

새

**4** 게

게

**5** 그네

그 네

**6** 제비

제 비

**7** 얘기

얘 기

**8** 계단

계 단

**9** 시계

시 계

**10** 예의

예 의

**11** 과자

과 자

**12** 기와

기 와

**13** 사과

사 과

**14** 돼지

돼 지

# 2 받침이 없는 글자 읽고 쓰기

• 1단원 글자를 만들어요

교과서의 중요한 낱말을 바르게 따라 쓰세요.

**1** 왜

**2** 횃불

**3** 열쇠

**4** 참외

**5** 최고

**6** 병원

**7** 월요일

**8** 태권도

**9** 꿰매다

**10** 스웨터

**11** 가위

**12** 귀

**13** 바위

**14** 무늬

## 2 받침이 없는 글자 읽고 쓰기

• 1단원 글자를 만들어요

♥교과서의 중요한 낱말을 바르게 따라 쓰세요.

**1** 카레

카 레

**2** 두꺼비

두 꺼 비

**3** 휴지

휴 지

**4** 이사

이 사

**5** 대추

대 추

**6** 매미

매 미

**7** 새우

새 우

**8** 모과

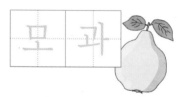

모 과

**9** 노래

노 래

**10** 키위

키 위

**11** 요리

요 리

**12** 어제

어 제

**13** 무지개

무 지 개

**14** 의자

의 자

# 받침이 있는 글자 읽기

♥교과서의 중요한 낱말을 바르게 따라 쓰세요.

**1** 낙타

| 낙 | 타 |
|---|---|

**2** 독수리

| 독 | 수 | 리 |
|---|---|---|

**3** 부엌

| 부 | 엌 |
|---|---|

**4** 키읔

| 키 | 읔 |
|---|---|

**5** 눈

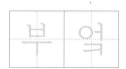

| 눈 |
|---|

**6** 산

| 산 |
|---|

**7** 반지

| 반 | 지 |
|---|---|

**8** 화분

| 화 | 분 |
|---|---|

**9** 숟가락

| 숟 | 가 | 락 |
|---|---|---|

**10** 돋보기

| 돋 | 보 | 기 |
|---|---|---|

**11** 빗

| 빗 |
|---|

**12** 젓가락

| 젓 | 가 | 락 |
|---|---|---|

**13** 곶감

| 곶 | 감 |
|---|---|

**14** 낮잠

| 낮 | 잠 |
|---|---|

# 1 · 2단원 받침이 있는 글자를 읽어요

## 받침이 있는 글자 읽기

♥ 교과서의 중요한 낱말을 바르게 따라 쓰세요.

**1** 팥죽

**2** 파랗다

**3** 놓다

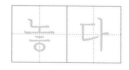

**4** 달

**5** 발

**6** 솜

**7** 꿈

**8** 구급차

**9** 숲

**10** 무릎

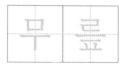

**11** 장미

**12** 강아지

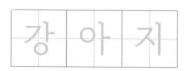

**13** 강

**14** 공

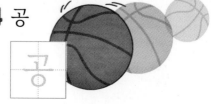

# 2 바른 자세로 말하고 듣기

교과서의 중요한 내용을 바르게 따라 쓰세요.

**1** 눈은 듣는 사람을 바라본다.

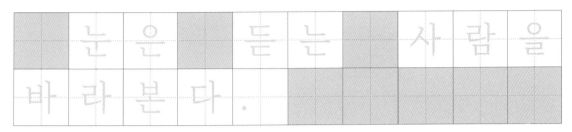

**2** 알맞은 크기의 목소리로 또박또박

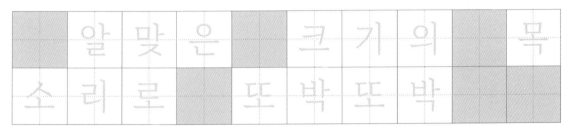

**3** 허리를 곧게 세운다.

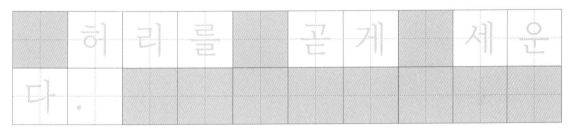

**4** 손을 자연스럽게 내린다.

**5** 다리를 어깨너비만큼 벌린다.

## 2 바른 자세로 말하고 듣기

• 2단원 받침이 있는 글자를 읽어요

♥교과서의 중요한 내용을 바르게 따라 쓰세요.

**1** 말하는 사람을 바라보며 듣는다.

| | 말 | 하 | 는 | | 사 | 람 | 을 | | 바 |
|---|---|---|---|---|---|---|---|---|---|
| 라 | 보 | 며 | | 듣 | 는 | 다 | . | | |

**2** 말하는 내용을 귀 기울여 듣는다.

| | 말 | 하 | 는 | | 내 | 용 | 을 | | 귀 |
|---|---|---|---|---|---|---|---|---|---|
| 기 | 울 | 여 | | 듣 | 는 | 다 | . | | |

**3** 허리를 등받이에 붙이고 앉는다.

| | 허 | 리 | 를 | | 등 | 받 | 이 | 에 | |
|---|---|---|---|---|---|---|---|---|---|
| 붙 | 이 | 고 | | 앉 | 는 | 다 | . | | |

**4** 손을 허벅지나 책상 위에 놓는다.

| | 손 | 을 | | 허 | 벅 | 지 | 나 | | 책 |
|---|---|---|---|---|---|---|---|---|---|
| 상 | | 위 | 에 | | 놓 | 는 | 다 | . | |

**5** 다리를 가지런히 한다.

| | 다 | 리 | 를 | | 가 | 지 | 런 | 히 | |
|---|---|---|---|---|---|---|---|---|---|
| 한 | 다 | . | | | | | | | |

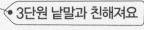

# 1 받침이 있는 글자 쓰기

교과서의 중요한 내용을 바르게 따라 쓰세요.

**1** 엄마는 무슨 과일을 좋아해요?

| | 엄 | 마 | 는 | | 무 | 슨 | | 과 | 일 |
|---|---|---|---|---|---|---|---|---|---|
| 을 | | 좋 | 아 | 해 | 요 | ? | | | |

**2** 수박과 청포도를 좋아해.

| | 수 | 박 | 과 | | 청 | 포 | 도 | 를 | |
|---|---|---|---|---|---|---|---|---|---|
| 좋 | 아 | 해 | . | | | | | | |

**3** 다람쥐가 개울 건너가게 다리를 놓자

| | 다 | 람 | 쥐 | 가 | | 개 | 울 | | 건 |
|---|---|---|---|---|---|---|---|---|---|
| 너 | 가 | 게 | | 다 | 리 | 를 | | 놓 | 자 |

**4** 다리 돌다리 징검다리

| | 다 | 리 | | 돌 | 다 | 리 | | 징 | 검 |
|---|---|---|---|---|---|---|---|---|---|
| 다 | 리 | | | | | | | | |

**5** 친구가 지우개를 빌려줘서 고마웠어.

| | 친 | 구 | 가 | | 지 | 우 | 개 | 를 | |
|---|---|---|---|---|---|---|---|---|---|
| 빌 | 려 | 줘 | 서 | | 고 | 마 | 웠 | 어 | . |

# 받침이 있는 글자 쓰기

교과서의 중요한 낱말을 바르게 따라 쓰세요.

**1** 구름

구 름

**2** 연필

연 필

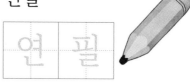

**3** 책

책

**4** 물통

물 통

**5** 바람

바 람

**6** 안경

안 경

**7** 친구

친 구

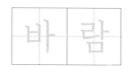

**8** 장화

장 화

**9** 우산

우 산

**10** 화분

화 분

**11** 거울

거 울

**12** 잠자리

잠 자 리

**13** 운동화

운 동 화

**14** 물고기

물 고 기

**2** ●3단원 낱말과 친해져요
# 여러 가지 낱말 읽기

교과서의 중요한 낱말을 바르게 따라 쓰세요.

**1** 싹

**2** 떡

**3** 꿀

**4** 코끼리

**5** 땅콩

**6** 아빠

**7** 꽃

**8** 딸기

**9** 빨래

**10** 쌀

**11** 찌개

**12** 까치

**13** 씨름

**14** 오빠

**2** 3단원 낱말과 친해져요
# 여러 가지 낱말 읽기

교과서의 중요한 내용을 바르게 따라 쓰세요.

**1** 깡충깡충.

|  | 깡 | 충 | 깡 | 충 | . |  |  |  |  |
|---|---|---|---|---|---|---|---|---|---|

**2** 토끼야, 너였구나.

|  | 토 | 끼 | 야 | , |  | 너 | 였 | 구 | 나 | . |
|---|---|---|---|---|---|---|---|---|---|---|

**3** 쉬었다 가렴.

|  | 쉬 | 었 | 다 |  | 가 | 렴 | . |  |  |
|---|---|---|---|---|---|---|---|---|---|

**4** 폴짝폴짝!

|  | 폴 | 짝 | 폴 | 짝 | ! |  |  |  |  |
|---|---|---|---|---|---|---|---|---|---|

**5** 더 놀다가 가렴.

|  | 더 |  | 놀 | 다 | 가 |  | 가 | 렴 | . |
|---|---|---|---|---|---|---|---|---|---|

**6** 토끼를 쫓아가면

|  | 토 | 끼 | 를 |  | 쫓 | 아 | 가 | 면 |  |
|---|---|---|---|---|---|---|---|---|---|

**7** 나랑 같이 놀자.

|  | 나 | 랑 |  | 같 | 이 |  | 놀 | 자 | . |
|---|---|---|---|---|---|---|---|---|---|

# 1 나와 가족

교과서의 중요한 낱말을 바르게 따라 쓰세요.

**1** 맡다

**2** 보다

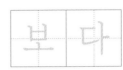

**3** 먹다

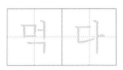

**4** 듣다

**5** 만지다

**6** 할머니

**7** 할아버지

**8** 어머니

**9** 아버지

**10** 형

**11** 누나

**12** 언니

**13** 동생

**14** 가족

# 1

**4단원 여러 가지 낱말을 익혀요**

## 나와 가족

교과서의 중요한 내용을 바르게 따라 쓰세요.

**1** 새는 감이 맛있나 봐.

|  | 새 | 는 |  | 감 | 이 |  | 맛 | 있 | 나 |
|---|---|---|---|---|---|---|---|---|---|
| 봐 | . |  |  |  |  |  |  |  |  |

**2** 엄마는 배추김치가 맛있대.

|  | 엄 | 마 | 는 |  | 배 | 추 | 김 | 치 | 가 |
|---|---|---|---|---|---|---|---|---|---|
| 맛 | 있 | 대 | . |  |  |  |  |  |  |

**3** 아빠는 뜨거운 설렁탕이 맛있대.

|  | 아 | 빠 | 는 |  | 뜨 | 거 | 운 |  | 설 |
|---|---|---|---|---|---|---|---|---|---|
| 렁 | 탕 | 이 |  | 맛 | 있 | 대 | . |  |  |

**4** 나는 기다란 스파게티가 맛있어.

|  | 나 | 는 |  | 기 | 다 | 란 |  | 스 | 파 |
|---|---|---|---|---|---|---|---|---|---|
| 게 | 티 | 가 |  | 맛 | 있 | 어 | . |  |  |

**5** 국수 먹으면 오래 살아?

|  | 국 | 수 |  | 먹 | 으 | 면 |  | 오 | 래 |
|---|---|---|---|---|---|---|---|---|---|
| 살 | 아 | ? |  |  |  |  |  |  |  |

# 2 학교와 이웃

4단원 여러 가지 낱말을 익혀요

교과서의 중요한 낱말을 바르게 따라 쓰세요.

**1** 칠판

**2** 선생님

**3** 책상

**4** 교실

**5** 운동장

**6** 학교

**7** 미끄럼틀

**8** 이웃

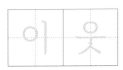

**9** 과일 가게

**10** 서점

**11** 빵집

**12** 도서관

**13** 은행

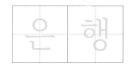

**14** 소방서

## 2 학교와 이웃

4단원 여러 가지 낱말을 익혀요

교과서의 중요한 내용을 바르게 따라 쓰세요.

**1** 학교에 가려고 집을 나서요.

| | 학 | 교 | 에 | | 가 | 려 | 고 | | 집 |
|---|---|---|---|---|---|---|---|---|---|
| 을 | | 나 | 서 | 요 | . | | | | |

**2** 아침을 맛있게 먹고 나서요.

| | 아 | 침 | 을 | | 맛 | 있 | 게 | | 먹 |
|---|---|---|---|---|---|---|---|---|---|
| 고 | | 나 | 서 | 요 | . | | | | |

**3** 아침 산책 다녀오는 이웃집 아저씨

| | 아 | 침 | | 산 | 책 | | 다 | 녀 | 오 |
|---|---|---|---|---|---|---|---|---|---|
| 는 | | 이 | 웃 | 집 | | 아 | 저 | 씨 | |

**4** 치과를 지나 꽃집을 지나

| | 치 | 과 | 를 | | 지 | 나 | | 꽃 | 집 |
|---|---|---|---|---|---|---|---|---|---|
| 을 | | 지 | 나 | | | | | | |

**5** 길 건널 때는 조심!

| | 길 | | 건 | 널 | | 때 | 는 | | 조 |
|---|---|---|---|---|---|---|---|---|---|
| 심 | ! | | | | | | | | |

● 5단원 반갑게 인사해요

# 다정하게 인사하기

**교과서의 중요한 내용을 바르게 따라 쓰세요.**

**1** 내가 좋아하는 친구들아, 안녕!

|  | 내 | 가 |  | 좋 | 아 | 하 | 는 |  | 친 |
|---|---|---|---|---|---|---|---|---|---|
| 구 | 들 | 아 | , |  | 안 | 녕 | ! |  |  |

**2** 다음에 나도 같이 놀자.

|  | 다 | 음 | 에 |  | 나 | 도 |  | 같 | 이 |
|---|---|---|---|---|---|---|---|---|---|
| 놀 | 자 | . |  |  |  |  |  |  |  |

**3** 아랫집 할머니, 안녕하세요?

|  | 아 | 랫 | 집 |  | 할 | 머 | 니 | , | 안 |
|---|---|---|---|---|---|---|---|---|---|
| 녕 | 하 | 세 | 요 | ? |  |  |  |  |  |

**4** 학교 다녀오겠습니다.

|  | 학 | 교 |  | 다 | 녀 | 오 | 겠 | 습 | 니 |
|---|---|---|---|---|---|---|---|---|---|
| 다 | . |  |  |  |  |  |  |  |  |

**5** 친구와 반갑게 인사해.

|  | 친 | 구 | 와 |  | 반 | 갑 | 게 |  | 인 |
|---|---|---|---|---|---|---|---|---|---|
| 사 | 해 | . |  |  |  |  |  |  |  |

**1**

● 5단원 반갑게 인사해요

# 다정하게 인사하기

교과서의 중요한 내용을 바르게 따라 쓰세요.

**1**  초대해 줘서 고마워.

| | 초 | 대 | 해 | | 줘 | 서 | | 고 | 마 |
|---|---|---|---|---|---|---|---|---|---|
| 워 | . | | | | | | | | |

**2**  조심히 오렴. / 고맙습니다.

| | 조 | 심 | 히 | | 오 | 렴 | . | | |
|---|---|---|---|---|---|---|---|---|---|
| | 고 | 맙 | 습 | 니 | 다 | . | | | |

**3**  상대를 보며 반가운 마음으로 인사해.

| | 상 | 대 | 를 | | 보 | 며 | | 반 | 가 |
|---|---|---|---|---|---|---|---|---|---|
| 운 | | 마 | 음 | 으 | 로 | | 인 | 사 | 해 | . |

**4**  웃어른께는 예의 바르게 인사해야 해.

| | 웃 | 어 | 른 | 께 | 는 | | 예 | 의 | |
|---|---|---|---|---|---|---|---|---|---|
| 바 | 르 | 게 | | 인 | 사 | 해 | 야 | | 해 | . |

**5**  "생신 축하드립니다."라고 인사해.

| | " | 생 | 신 | | 축 | 하 | 드 | 립 | 니 |
|---|---|---|---|---|---|---|---|---|---|
| 다 | . | " | 라 | 고 | | 인 | 사 | 해 | . | |

## 2 작품을 읽고 생각 나누기
5단원 반갑게 인사해요

교과서의 중요한 내용을 바르게 따라 쓰세요.

**1** 전봇대 아파트 가로등 학교

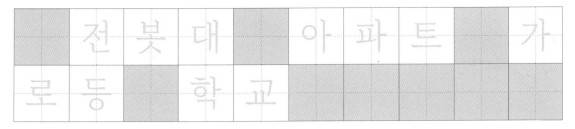

| | 전 | 봇 | 대 | | 아 | 파 | 트 | | 가 |
| --- | --- | --- | --- | --- | --- | --- | --- | --- | --- |
| 로 | 등 | | 학 | 교 | | | | | |

**2** 모두 잘 자요 / 모두 내 꿈 꿔요

| | 모 | 두 | | 잘 | | 자 | 요 | | |
| --- | --- | --- | --- | --- | --- | --- | --- | --- | --- |
| | 모 | 두 | | 내 | | 꿈 | | 꿔 | 요 |

**3** 우리 서로 학곳길에 만나면 만나면

| | 우 | 리 | | 서 | 로 | | 학 | 곳 | 길 |
| --- | --- | --- | --- | --- | --- | --- | --- | --- | --- |
| 에 | | 만 | 나 | 면 | | 만 | 나 | 면 | |

**4** 웃는 얼굴 하고 인사 나눕시다

| | 웃 | 는 | | 얼 | 굴 | | 하 | 고 | |
| --- | --- | --- | --- | --- | --- | --- | --- | --- | --- |
| 인 | 사 | | 나 | 눕 | 시 | 다 | | | |

**5** 헤어지기 전에 인사 나눕시다

| | 헤 | 어 | 지 | 기 | | 전 | 에 | | 인 |
| --- | --- | --- | --- | --- | --- | --- | --- | --- | --- |
| 사 | | 나 | 눕 | 시 | 다 | | | | |

2 · 5단원 반갑게 인사해요

# 작품을 읽고 생각 나누기

교과서의 중요한 내용을 바르게 따라 쓰세요.

**1**  사슴 한 마리가 살고 있었어요.

| | 사 | 슴 | | 한 | | 마 | 리 | 가 | |
|---|---|---|---|---|---|---|---|---|---|
| 살 | 고 | | 있 | 었 | 어 | 요 | . | | |

**2**  어쩜 이렇게 아름답게 생겼을까?

| | 어 | 쩜 | | 이 | 렇 | 게 | | 아 | 름 |
|---|---|---|---|---|---|---|---|---|---|
| 답 | 게 | | 생 | 겼 | 을 | 까 | ? | | |

**3**  사냥꾼의 걸음 소리가 들려.

| | 사 | 냥 | 꾼 | 의 | | 걸 | 음 | | 소 |
|---|---|---|---|---|---|---|---|---|---|
| 리 | 가 | | 들 | 려 | . | | | | |

**4**  숲속 나뭇가지 사이에 뿔이 걸려

| | 숲 | 속 | | 나 | 뭇 | 가 | 지 | | 사 |
|---|---|---|---|---|---|---|---|---|---|
| 이 | 에 | | 뿔 | 이 | | 걸 | 려 | | |

**5**  항상 멋진 뿔을 자랑스러워했는데…….

| | 항 | 상 | | 멋 | 진 | | 뿔 | 을 | |
|---|---|---|---|---|---|---|---|---|---|
| 자 | 랑 | 스 | 러 | 워 | 했 | 는 | 데 | … | …. |

**6단원 또박또박 읽어요**

# 소리 내어 문장 읽기

교과서의 중요한 내용을 바르게 따라 쓰세요.

**1** 친구들이 기뻐합니다.

| | 친 | 구 | 들 | 이 | | | 기 | 뻐 | 합 | 니 |
| --- | --- | --- | --- | --- | --- | --- | --- | --- | --- | --- |
| 다 | . | | | | | | | | | |

**2** 나는 초등학생이 되었습니다.

| | 나 | 는 | | 초 | 등 | 학 | 생 | 이 | |
| --- | --- | --- | --- | --- | --- | --- | --- | --- | --- |
| 되 | 었 | 습 | 니 | 다 | . | | | | |

**3** 얼음이 물이 되었습니다.

| | 얼 | 음 | 이 | | 물 | 이 | | 되 | 었 |
| --- | --- | --- | --- | --- | --- | --- | --- | --- | --- |
| 습 | 니 | 다 | . | | | | | | |

**4** 우리는 사이좋은 친구가 되었습니다.

| | 우 | 리 | 는 | | 사 | 이 | 좋 | 은 | |
| --- | --- | --- | --- | --- | --- | --- | --- | --- | --- |
| 친 | 구 | 가 | | 되 | 었 | 습 | 니 | 다 | . |

**5** 누나가 수영을 합니다.

| | 누 | 나 | 가 | | 수 | 영 | 을 | | 합 |
| --- | --- | --- | --- | --- | --- | --- | --- | --- | --- |
| 니 | 다 | . | | | | | | | |

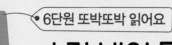

# 소리 내어 문장 읽기

교과서의 중요한 내용을 바르게 따라 쓰세요.

**1**  원숭이가 자리에 앉습니다.

| | 원 | 숭 | 이 | 가 | | 자 | 리 | 에 | |
|---|---|---|---|---|---|---|---|---|---|
| 앉 | 습 | 니 | 다 | . | | | | | |

**2**  곰이 모래성을 완성했습니다.

| | 곰 | 이 | | 모 | 래 | 성 | 을 | | 완 |
|---|---|---|---|---|---|---|---|---|---|
| 성 | 했 | 습 | 니 | 다 | . | | | | |

**3**  친구가 손을 깨끗이 씻습니다.

| | 친 | 구 | 가 | | 손 | 을 | | 깨 | 끗 |
|---|---|---|---|---|---|---|---|---|---|
| 이 | | 씻 | 습 | 니 | 다 | . | | | |

**4**  나는 그림 그리기를 좋아합니다.

| | 나 | 는 | | 그 | 림 | | 그 | 리 | 기 |
|---|---|---|---|---|---|---|---|---|---|
| 를 | | 좋 | 아 | 합 | 니 | 다 | . | | |

**5**  친구들이 운동장에서 축구를 합니다.

| | 친 | 구 | 들 | 이 | | 운 | 동 | 장 | 에 |
|---|---|---|---|---|---|---|---|---|---|
| 서 | | 축 | 구 | 를 | | 합 | 니 | 다 | . |

## 2 ◦6단원 또박또박 읽어요
# 문장 부호에 알맞게 띄어 읽기

교과서의 중요한 내용을 바르게 따라 쓰세요.

**1**  나무가 한 그루도 없어요?

|  | 나 | 무 | 가 |  | 한 |  | 그 | 루 | 도 |
|---|---|---|---|---|---|---|---|---|---|
| 없 | 어 | 요 | ? |  |  |  |  |  |  |

**2**  예전에는 나무가 있었단다.

|  | 예 | 전 | 에 | 는 |  | 나 | 무 | 가 |  |
|---|---|---|---|---|---|---|---|---|---|
| 있 | 었 | 단 | 다 | . |  |  |  |  |  |

**3**  네 키보다 더 컸었지!

|  | 네 |  | 키 | 보 | 다 |  | 더 |  | 컸 |
|---|---|---|---|---|---|---|---|---|---|
| 었 | 지 | ! |  |  |  |  |  |  |  |

**4**  그래, 좋은 생각이구나!

|  | 그 | 래 | , |  | 좋 | 은 |  | 생 | 각 | 이 |
|---|---|---|---|---|---|---|---|---|---|---|
| 구 | 나 | ! |  |  |  |  |  |  |  |  |

**5**  오늘 마당에 감나무를 심자.

|  | 오 | 늘 |  | 마 | 당 | 에 |  | 감 | 나 |
|---|---|---|---|---|---|---|---|---|---|
| 무 | 를 |  | 심 | 자 | . |  |  |  |  |

6단원 또박또박 읽어요

# 2 문장 부호에 알맞게 띄어 읽기

교과서의 중요한 내용을 바르게 따라 쓰세요.

**1** 손을 내밀자 톡 떨어진다.

|   | 손 | 을 |   | 내 | 밀 | 자 |   | 톡 |   |
|---|---|---|---|---|---|---|---|---|---|
| 떨 | 어 | 진 | 다 | . |   |   |   |   |   |

**2** 귀를 팔랑팔랑, 긴 코를 살랑살랑

|   | 귀 | 를 |   | 팔 | 랑 | 팔 | 랑 | , |   | 긴 |
|---|---|---|---|---|---|---|---|---|---|---|
| 코 | 를 |   | 살 | 랑 | 살 | 랑 |   |   |   |   |

**3** 우아, 살아 있는 진짜 코끼리다!

|   | 우 | 아 | , | 살 | 아 |   | 있 | 는 |   |
|---|---|---|---|---|---|---|---|---|---|
| 진 | 짜 |   | 코 | 끼 | 리 | 다 | ! |   |   |

**4** "내 필통 구경할래?"

|   |   | " 내 |   | 필 | 통 |   | 구 | 경 | 할 |
|---|---|---|---|---|---|---|---|---|---|
| 래 | ? | " |   |   |   |   |   |   |   |

**5** 영차, 필통 속으로 들어갔다.

|   | 영 | 차 | , |   | 필 | 통 |   | 속 | 으 | 로 |
|---|---|---|---|---|---|---|---|---|---|---|
| 들 | 어 | 갔 | 다 | . |   |   |   |   |   |   |

**· 7단원 알맞은 낱말을 찾아요**

# 그림에 알맞은 낱말 넣기

교과서의 중요한 내용을 바르게 따라 쓰세요.

**1** 낚시하러 갔다.

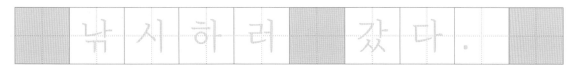

**2** 안경을 닦았다.

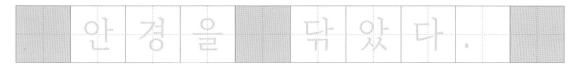

**3** 떡볶이 볶음밥

**4** 이를 닦다.

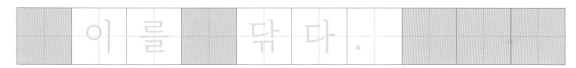

**5** 리본을 묶다.

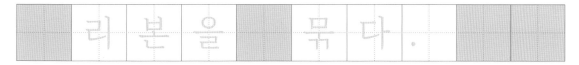

**6** 학교에 갔다.

**7** 물건을 샀다.

# 1

## 그림에 알맞은 낱말 넣기

교과서의 중요한 내용을 바르게 따라 쓰세요.

**1** 사자가 하늘에 연을 날려요.

| | 사 | 자 | 가 | | 하 | 늘 | 에 | | 연 |
|---|---|---|---|---|---|---|---|---|---|
| 을 | | 날 | 려 | 요 | . | | | | |

**2** 여우가 자전거를 타요.

| | 여 | 우 | 가 | | 자 | 전 | 거 | 를 |
|---|---|---|---|---|---|---|---|---|
| 타 | 요 | . | | | | | | |

**3** 나는 기지개를 켭니다.

| | 나 | 는 | | 기 | 지 | 개 | 를 | | 켭 |
|---|---|---|---|---|---|---|---|---|---|
| 니 | 다 | . | | | | | | | |

**4** 동생이 문을 두드립니다.

| | 동 | 생 | 이 | | 문 | 을 | | 두 | 드 |
|---|---|---|---|---|---|---|---|---|---|
| 립 | 니 | 다 | . | | | | | | |

**5** 아버지께서 사과를 깎습니다.

| | 아 | 버 | 지 | 께 | 서 | | 사 | 과 | 를 |
|---|---|---|---|---|---|---|---|---|---|
| 깎 | 습 | 니 | 다 | . | | | | | |

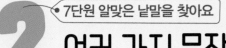

**2**

# 여러 가지 문장 말하기

교과서의 중요한 내용을 바르게 따라 쓰세요.

**1** 한복은 옷입니다.

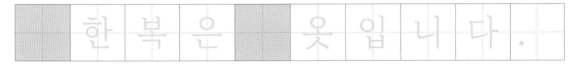

**2** 복숭아는 과일입니다.

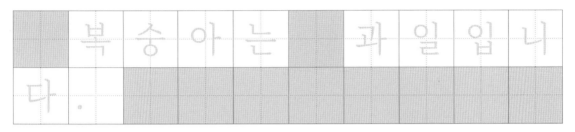

**3** 장미는 꽃입니다.

**4** 오리는 동물입니다.

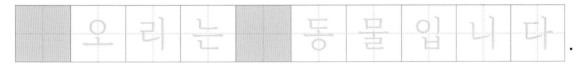

**5** 토끼가 딸기를 먹습니다.

**6** 호랑이가 춤을 춥니다.

# 2 여러 가지 문장 말하기

♥교과서의 중요한 내용을 바르게 따라 쓰세요.

**1** 아이들이 뒹굴뒹굴 키득키득

| | 아 | 이 | 들 | 이 | | 뒹 | 굴 | 뒹 | 굴 |
|---|---|---|---|---|---|---|---|---|---|
| 키 | 득 | 키 | 득 | | | | | | |

**2** 우아, 그림책이 이렇게 많다니!

| | 우 | 아 | , | 그 | 림 | 책 | 이 | | 이 |
|---|---|---|---|---|---|---|---|---|---|
| 렇 | 게 | | 많 | 다 | 니 | ! | | | |

**3** 하늘 높이 번쩍 솟아올랐지.

| | 하 | 늘 | | 높 | 이 | | 번 | 쩍 | |
|---|---|---|---|---|---|---|---|---|---|
| 솟 | 아 | 올 | 랐 | 지 | . | | | | |

**4** 첫째 날에는 기차 여행을 했어.

| | 첫 | 째 | | 날 | 에 | 는 | | 기 | 차 |
|---|---|---|---|---|---|---|---|---|---|
| 여 | 행 | 을 | | 했 | 어 | . | | | |

**5** 왜냐하면 나는 용감한 고양이니까!

| | 왜 | 냐 | 하 | 면 | | 나 | 는 | | 용 |
|---|---|---|---|---|---|---|---|---|---|
| 감 | 한 | | 고 | 양 | 이 | 니 | 까 | ! | |